粮油市场报

"中国粮油书系"编辑委员会

主　任｜邱清龙
副主任｜陶玉德
委　员｜邱清龙　陶玉德　刘新寰　姚大英
　　　　徐劲松　李　平　裴会永　郭清保

主　编｜陶玉德
副主编｜刘新寰　裴会永

《百家说粮》
　编　纂　任　敏　白　俐

《赢在五谷》
　编　纂　王　娜

《农经观察》
　编　纂　石金功

《水煮粮史》
　编　纂　王丽芳

《粮战演义》
　编　纂　王丽芳

BAIJIA SHUOLIANG

百家说粮

主　编　陶玉德
副主编　刘新寰　裴会永
编　纂　任　敏　白　俐

河南大学出版社
HENAN UNIVERSITY PRESS
·郑州·

图书在版编目（CIP）数据

百家说粮 / 陶玉德主编． — 郑州：河南大学出版社，2018.1
ISBN 978-7-5649-3213-8

Ⅰ．①百… Ⅱ．①陶… Ⅲ．①粮食问题－研究－中国 Ⅳ．① F326.11

中国版本图书馆 CIP 数据核字（2018）第025573号

责任编辑	郑　鑫　吉宏飞
责任校对	孟艺萌
封面设计	王　勃

出版发行	河南大学出版社
	地址：郑州市郑东新区商务外环中华大厦2401号　邮　编：450046
	电话：0371-86059712（高等教育与职业教育出版分社）
	0371-86059701（营销部）
	网址：www.hupress.com
印　刷	开封日报社印务中心
版　次	2018年3月第1版
开　本	710mm×1000mm　1/16
字　数	230千字
印　次	2018年3月第1次印刷
印　张	13.75
定　价	34.00 元

（本书如有印装质量问题，请与河南大学出版社联系调换）

总　　序

广阔天地大有文章

一晃就是六个春秋。历经六年多时间的沉积,"中国粮油书系"第二卷与大家见面了。

从种植、流通到加工、消费,围绕这一主题,单学科、单作物品类的图书并不少见,但对粮食经济全面的关注却曾是"被遗忘的角落"。2011年,由《粮油市场报》策划出品的"中国粮油书系"第一卷面市,填补了这片空白。书系的亮相在业内外引起热烈反响,并于次年再版。

六年风雨跌宕,六年硕果累累。这六年间,中国粮食持续丰产丰收,粮食科研成果捷报频传,粮食产业经济新风扑面,种植结构调整全面铺开,粮食市场化改革破冰前行,水土污染治理突破瓶颈……一项项发轫于田间的"经验"强势绽放,一批批期待已久的"深改"渐次落地,之前被视为"硬骨头"的诸多难题得以有效解决。中国粮食人将责任扛在肩上,撸起袖子加油干,深耕细作不放松,在时代接力中不断实现自我超越,不仅为新常态下稳增长、调结构、促改革、惠民生奠定了重要基础,而且让世界多国分享了中国五谷的芳香,为世界粮食安全提供了中国智慧和中国路径。

成就来之不易,可喜可赞。但我们也清醒地看到国内粮食"三高"叠加,多重矛盾交织,农业供给侧结构性矛盾仍然突出,谁来种、怎样种之困仍未化解,各种不确定性、不平衡性问题依然存在。特别是随着人口的增长、生活水平的提高、城镇化的推进,人们对粮食生产和"舌尖上的安全"提出了新的更高要求。守住、管好"天下粮仓"任重道远,需要时刻绷紧这根弦。

作为中国粮油行业唯一的报纸,《粮油市场报》自1985年创刊以来,始终肩负"为耕者谋利、为食者造福"的使命,以笔为犁深耕南北热土,以纸为简承载五谷波澜。无论是传递"三农"领域睿见卓识的大家声音，还是解码粮农企业家非同一般的匠心力量，无论是梳理粮食产业转型发展的探索与创新，还是探秘中华农耕文化的底蕴与传承，我们都始终围绕五谷做文章，与行业同呼吸共奋进。在记录与见证中国粮食经济发展变革的过程中，我们看到许许多多的收获和欢欣，也遇见许许多多的困难与挫折。我们深知，只有沉下去深度感知中国粮食经济的优势与劣势、历史与现实，才能更真切地读懂中国农业，才能更深刻地理解"饭碗论""底线论""红线论"的科学内涵，才能有力助推中国粮食更深层次、更高质量"满足人民日益增长的美好生活需要"，阔步迈进新时代。因此，对于这块土地开出的思想之花、结出的实践之果，我们倍加珍惜，再次精心梳理、结集出版，希望以此为更多涉农、涉粮工作者提供与时俱进、更接地气的系统启迪与思考。

"中国粮油书系"第二卷由《百家说粮》《赢在五谷》《农经观察》《水煮粮史》《粮战演义》组成，其中《水煮粮史》为上下两册，《粮战演义》分上中下三册，全书共5套8册，涵盖专家观点、创业故事、三农观察、粮史解读、粮食文化等内容。书系第二卷聚焦近几年中国粮食发展脉络，探讨未来发展趋势，以新闻视角呈现新常态下中国粮食经济的一个侧面和缩影；同时也从一些独特视角重新认识华夏粮食文化的源远流长、博大精深，以粮史故事鉴古知今。

本书系的出版凝聚着所有《粮油市场报》人的智慧和付出，更饱含着诸多领导、专家、学者特别是报社主管单位领导的心血和汗水。在采访、报道和编撰过程中，业内许多权威机构和来自一线的粮农工作者热情献策，悉心答疑，给予无私帮助，这份深情与厚爱我们铭记于心。在行文过程中，我们参考了一些专家学者的专著或论点，摘录了相关媒体记者的报道资料，他们深邃的思想、精彩的论述为文章增彩颇多，在此一并表示诚挚的谢意！

虽致力尽善尽美，但受能力和学识所限，且鉴于部分文章为报道选编，书系中难免存在片面性、资料老化或其他瑕疵，恳望读者朋友谅解和指正。

谁知岁丰歉，实系国安危。新时代的扉页已经打开，让我们携手，在新发展理念的指引下砥砺奋进，在勤勉的耕耘中把握未来。

前　言

为"三农"鼓与呼

有人说"谁控制了石油，谁就控制了所有的国家；谁控制了食物，谁就控制了全人类"。"民以食为天，食以粮为先"，作为人类汲取能量、改造世界的"第一能源"，粮食问题既关系到国民健康、经济发展，又关系到社会稳定、国家安全。

中国作为一个农业大国，党和政府历来高度重视粮食安全问题，中央一号文件连续多年聚焦农业问题，并出台各种惠农政策，积极推动"三农"领域建设，努力实现"中国人的饭碗要牢牢端在自己手中"。但不能忽视的一个事实是：受进口冲击、生产成本抬升等多重因素影响，农产品还深陷"微笑曲线的低端"之中。从2015年开始，以去产能、去库存、去杠杆、降成本、补短板为重点的供给侧结构性改革，拉开大幕。粮食供给侧改革是一盘大棋，既要从调整粮食种植结构，更好满足全社会对粮油产品的新需要破题，也要在转变粮食经营方式，为粮食发展注入新动能方面谋篇布局。

本书以"粮食"问题为着眼点，聚焦"三农"课题，选取百位专家四年来对我国粮食及"三农"领域热点、焦点、难点或冰点问题的真知灼见。这里既有针对粮农政策和产业改革的权威解读，也有针对"三农"热点的时事评论，有发轫一线的地气之声，也有科研专家的敏思锐见。所选议题以粮农为主核，紧跟时代主题，注重可读性、权威性和实用性，可谓是近年"三农"及粮油行业发展答疑解惑的"百家谈"。

为便于阅读，我们对所选文章进行梳理，细分出四个专题：政策解读、产业观察、行业前瞻、民生杂谈。

思路决定出路,希望本书能够对推动各级粮农部门科学决策、加快发展有所启迪,能够对从事农业、粮食理论研究的专家学者创新思维有所裨益。

编者

目　录

政策解读
Zhengce jiedu

伍振军 / 提高资源配置效率　推进供给侧改革……………………003
高铁生 / 准确理解中央精神　处理好储备与经营关系……………005
尹成杰 / 从维护国家安全战略高度看待粮食的功能和地位…………007
叶兴庆 / 推进农业供给侧改革须找准四大着力点……………………009
韩　俊 / 农业供给侧改革须做好"稳调改补"文章………………011
张桃林 / 遵循"稳"的大逻辑　稳住农业"基本盘"……………013
李国祥 / 农业这条船要向"优质优价"调头……………………………015
唐仁健 / "三调整三激活"推进农业供给侧改革……………………017
石少龙 / 以冷静态度看待谷价再降………………………………………019
潘建成 / 加快农业提质　促进农民增收农村增绿……………………021
佟　毅 / 供给侧改革让玉米市场重现生机……………………………023
陈锡文 / 东北玉米价补分离效果好于预期……………………………025
韩长赋 / 粮食产量适当增减将是常态……………………………………027
柯炳生 / 价补分离是改革必由之路………………………………………029
杨　冬 / 木本油料产业发展应坚持市场导向…………………………031

产业观察
Chanye guancha

戴　旭 / 突破基因技术推广自己的粮种……035
吴志华 / 加强信息化建设　填补丰收背后数据空白……037
汪懋华 / 铺设现代农业高速路　大数据应用大有可为……039
郭晓鸣 / 现代农业要走混合型经营之路……041
钟　凯 / 拒绝杯弓蛇影　科学看待食品安全……043
郭孔丰 / 中国应大力扶持粮食加工业……045
刘永好 / 市场倒逼现代农业转型……047
邓华凤 / 超级稻研发　高产优质还要"广适"……049
毛长青 / 规模经营投资倍增　农业保险体系须跟上……051
瞿长福 / 农业品牌培育没有捷径可走……053
贺雪峰 / 别给"粮财倒挂"乱开药方……055
乔金亮 / 让产粮大县不再为"要钱""要粮"纠结……057
高海燕 / "互联网+农业"是风口更是长征……059
穆彦魁 / 粮食流通政策应重视加工环节……061
刘　坚 / 吃饭问题就是粮食问题……063
王　强 / 粮食加工产业走出困境需依靠科技创新……065
杨宝龙 / 跨界粮企正异军突起　传统粮油领域要痛定思痛……067
赵映强 / "互联网+"策略下农产品品牌化是重中之重……069
刘晓忠 / 粮改当以少干预多爱护为取向……071
王小语 / 我国大豆产业发展应更规范科学……073
朱秀清 / 大豆制品开发应注重传统及品牌……075
龚建明 / 加大油用牡丹推广　扶持龙头企业发展……077
郑励志 / 科学筹划"加油"工程　慎防揠苗助长……079
王瑞元 / 积极稳妥化解粮油加工产能过剩……081

黄凤洪 / 做有个性的菜籽油品牌……083
盖钧镒 / 发展大豆产业需要创新思维……085
郄建伟 / "吉林大米"是粮食供给侧改革的鲜活样本……087
谢　健 / 标准体系建设要瞄准两大目标……089
刘忠堂 / 构建联动包容的大豆产业……091
韩福春 / 抓重点破难点　确保玉米市场化改革有序推进……093
刘习东 / 坚持战略定力　以改革创新驱动产业发展……095
于子华 / 运用国学做期货　百战不殆胜券握……097
李振荣 / 改变"看天吃饭"　烘干收购将成为常态……099
王　梅 / 供给侧改革稳步推进　市场化收购渐入佳境……101
王晓辉 / 重视信息的作用　软实力也能变成硬实力……103
刘　慧 / 粮食市场化改革动了谁的奶酪……105
曹万新 / 原料价格下降快　核桃加工产业亟须先进产能……107
董雅娟 / 建议放宽涉农企业上市条件……109
刘翔浩 / 推出特色油料作物种植补贴势在必行……111
孙　忠 / 30万吨走私大米入境折射监管漏洞……113

行业前瞻
Hangye qianzhan

白美清 / 培育建设中国式国际大粮商……117
党国英 / 进口压力越来越大　我国农业竞争力待提升……119
李　周 / 重视农业"三非"问题　鼓励适度规模经营……121
刘　石 / 解决粮食安全问题不能全靠"补贴"……123
金三林 / 城镇化加剧供需矛盾　破局应树新粮安观……125
姜长云 / 支持新型农业经营主体要有新思路……127
吴文军 / "新常态"下发展农业　用足用好市场化手段……129
温铁军 / 粮食金融化挑战中国粮食安全……131

郑风田 / 农业考核应摒弃"唯产量论"……………………………………133
钱克明 / 现代农业转型要答好几个问题…………………………………135
朱启臻 / 农业发展方式转型不要走弯路…………………………………137
张合成 / 用紧平衡理念　调控农产品市场………………………………139
孔祥智 / 改革创新土地制度　避免落入"小规模陷阱"………………141
何中虎 / 未来需要什么样的小麦…………………………………………143
马晓河 / 新常态下粮食安全战略思路需转变……………………………145
王国军 / 粮食目标价格保险三种形式或可借鉴…………………………147
樊胜根 / 六措并举助推农业供给侧改革…………………………………149
涂圣伟 / 完善农业补贴要"两平衡一协调"……………………………151
王双林 / 科技创新催化粮食储藏"质变"………………………………153
钟甫宁 / 从供给侧推动农业保险创新……………………………………155
冯纪福 / 发展木本油料产业要多管齐下…………………………………157
秦中春 / 主攻"三特"主打"三品"　做亮地方特色农业……………159
洪　虎 / 解决粮食安全是系统工程………………………………………161
方　言 / 国产大豆要在品种单产上有所突破……………………………163
江连洲 / 未来大豆产业将朝"三线一面"发展…………………………165

民生杂谈
Minsheng zatan

於忠祥 / 抓好土地健康体检才能建成生态粮仓…………………………169
罗云波 / 食品安全是食品产业转型和升级的核心………………………171
刘俊海 / 食企要"一心二维三品四商五严六实"………………………173
万早田 / 政府应设置食品安全监管高压线………………………………175
钱桂敬 / 食品工业增速减缓　技术创新是转型根本……………………177
裴会永 / 中国人的饭碗更要装中国优质小杂粮…………………………179
宋海峰 / 鼓起"钱袋子"不能丢了"米袋子"…………………………181

任继周 / 建设现代农业须重视伦理维度 …………………………… 183
陶夏新 / 种粮补贴要补给真正种粮的人 …………………………… 185
陆娅楠 / 由秘鲁3000多种土豆想到的 …………………………… 187
赵永平 / 土地流转要量力而行 不能揠苗助长 …………………… 189
王 浩 / 多些臂膀扛 农业路越广 ………………………………… 191
宋丹丕 / 推进放心粮油网络建设 协会应发挥更多作用 ………… 193
段彦春 / 亚麻籽油产业"乱象"亟待整治 …………………………… 195
胡冰川 / 促进粮食减损增效 需大处着眼小处着手 ……………… 197
闵庆文 / "二十四节气"传承保护任重道远 ………………………… 199
刘笑然 / 稻谷去库存也要提到重要日程 …………………………… 201
周奕丰 / 土壤污染治理保护刻不容缓 ……………………………… 203
高 强 / 理性看待种粮大户"毁约弃耕"现象 ……………………… 205
柴 岩 / 杂粮也是粮 振兴发展取决于市场 ……………………… 207
张 泓 / 主食产业要跟上消费还要引领消费 ……………………… 209

中国粮油书系第二卷之
百家说粮

政策解读

Zhengce jiedu

伍振军

提高资源配置效率　推进供给侧改革

> 我国农业出现了农业增产、进口量增加和库存量增加的"三量齐增"现象，进口农产品被大量消费，自己增加的产量却存进了仓库，这说明我国农业生产与市场需求不匹配，供给侧出了问题。这就需要我们在农业方面提高资源配置效率，推进供给侧改革，重点解决资源配置扭曲问题。

* * *

十八届五中全会以来，党中央、国务院反复强调要加强"供给侧改革"。供给侧改革是相对于需求侧改革而言，它强调要在供给端化解过剩产能，调整和优化结构，促进产业迈向中高端。作为第一产业的农业，也面临着在供给侧深化改革的形势。

深化农业供给侧改革，就是要针对当前农业发展面临的重大问题，从供给侧入手，出台有力的改革举措。既要打破阻碍农业生产要素流动的藩篱，让市场在农业资源配置中发挥决定性作用，又要更好地发挥政府作用，保障国家粮食安全。

我国农业出现了农业增产、进口量增加和库存量增加的"三量齐增"现象，进口农产品被大量消费，自己增加的产量却存进了仓库，这说明我国农业生产与市场需求不匹配，供给侧出了问题。这就需要我们在农业方面提高资源配置效率，推进供给侧改革，采取针对性措施，重点解决资源配置扭曲问题。

一是解决国内国际农业资源配置扭曲问题。国内国际大宗农产品价格差距很大，从粮食价格看，2010年以来国内小麦现货价比国际现货价高出1000~1200元/吨，稻谷高出1100~1600元/吨，玉米高出900~1200元/吨。可见我国粮食生产成本很高，不具备比较优势。在国内确保口粮生产的同时，应加强对全球农业开发潜力、环境与风险分析，充分利用国内国际两种资源、两个市场来保障玉米等谷物供给。

二是解决三次产业之间资源配置扭曲问题。我国第一产业就业比重偏高，农产品加工业产值与农业产值之比偏低，这都表明第一产业与第二产业、第三产业之间资源配置扭曲。近几年我国粮食价格连年上涨，减缓了农村生产要素，尤其是农村劳动力向第二、第三产业转移的步伐。必须通过市场机制来调节第一产业和第二、第三产业之间的劳动力资源配置，提高农民生产率。同时推进农村土地确权，加快土地要素流动；发展新型六次产业，引导第二、第三产业资金技术进入农业，促进生产要素自由流动。

三是解决农业内部产业之间资源配置扭曲问题。我国土地密集型农产品比较效益一直极低。根据发改委数据，2014年我国蔬菜平均每亩净利润为2069.78元，是稻谷的10.1倍、小麦的23.6倍、玉米的25.3倍。苹果种植也有类似情况，而棉花、糖料、大豆等土地密集型农产品生产净利润都是负值。我国人均、劳均土地资源很低，土地密集型产业比较优势很难培育。在保证粮食生产安全的前提下，应大力支持蔬菜、水果、桑蚕、水产品等劳动密集型农产品生产，着力培育我国农业比较优势，提高我国农业竞争力。

合理配置农业内部产业之间的资源，还要处理好粮食和其他农产品生产的关系。贯彻"口粮绝对安全，谷物基本自给"的大政方针，应发挥最低收购价对粮食生产规模、结构的调节作用，保持口粮最低收购价合理小幅上涨，确保口粮安全。同时应考虑创造条件逐步取消针对玉米、大豆、油菜籽、棉花、食糖等价格支持政策，让市场在农业生产要素配置中发挥应有的作用。

高铁生

准确理解中央精神　处理好储备与经营关系

> 如何理解中央一号文件精神，正确处理粮食企业储备和经营的关系，既关系到市场经济条件下粮食企业性质和地位问题，也关系到中国粮食储备管理体系实际运行，同时也与实现国家对粮食市场有效调控和降低国家粮食安全运行成本密切相关。

* * *

2016年中央一号文件论及改革完善粮食等重要农产品价格形成机制和收储制度这一问题时明确提出，要"按照政策性职能和经营性职能分离的原则，改革完善中央储备粮管理机制"。

如何理解这一"原则"，正确处理粮食企业储备和经营的关系，既关系到市场经济条件下粮食企业性质和地位问题，也关系到中国粮食储备管理体系实际运行，同时也与实现国家对粮食市场有效调控和降低国家粮食安全运行成本密切相关。

在市场经济中，对任何一家粮食企业来说，经营与储备往往是分不开的。即使以储备业务为主的粮食企业，也离不开市场经营与运作。在发达国家中，承担某种重要商品储备的企业往往都是从事经营的企业。承担国家粮食储备并不妨害其正常经营。经验证明，经营与储备的合理结合能够明显降低成本。在市场经济条件下，处理好粮食储备与经营的关系，应当主要依靠遵守法律和履行合约来维护，而非要求企业杜绝经营来确保完成储备任务。实际上，离开正常的经营，储备承担者的收购、销售乃至物流都无从谈起。

因此，对中央一号文件中关于"政策性职能与经营职能分离原则"不能片面地理解为粮食储备企业不能搞经营，粮食经营企业不能搞储备。中储粮总公司似乎应当变成一家纯粹储备的企业，与市场经营"绝缘"，通过"去市场化"改革，成为依照行政命令、照单存取的"粮食仓库"。倘要如此改革，势必重返改革开放前的旧体制，让国家粮食储备企业躺在国家财政身上，靠"报账制"吃补贴过日子，而且也很可能重建某种对储备粮行政化运作的低效浪费体制。这显然是与国家建立中央储备粮垂直管理体系的宗旨背道而驰，与粮食流通体制改革方向背离。

实现按政策性职能与经营性职能分离的原则，改革完善中央储备粮管理体制，应当立足于总结中央储备粮垂直管理体系建立以来的经验与教训基础之上。应当充分肯定中储粮总公司在储备与经营性结合方面的经验，继续充分发挥其现有设备、设施等资源优势，结合市场轮换和必要的加工，努力增加收入，降低储备成本。同时要避免盲目扩大市场经营，在储备业务和经营业务之间建立应有的"防火墙"，防止经营业务挤占储备资源，影响和损害政策性业务。

同时，要正确总结近些年来中央储备粮系统出现的一些腐败案件和安全事故的教训，找出这些问题产生的主要根源。

应当正视现有体系和机构不适应包揽"托市"和"临储"的沉重负担这一现实。

这些"超负荷"的政策性业务，是原有的制度性安排所难以承受的。这种"小马拉大车"衍生出来的问题，不应视为储备与经营相结合的必然产物。

中国储备粮管理体制如何改革和完善，涉及政企分开、政府和市场关系以及中央和地方关系等一系列问题。在厘清这些关系的基础上，正确理解和处理好储备与经营的关系，从而建立起既能发挥垂直管理体系的优势，又能充分利用市场机制活力，且符合中国实际的中央储备粮管理体系，这值得期待。

尹成杰

从维护国家安全战略高度看待粮食的功能和地位

> 在新的形势下,粮食安全的地位在提升、功能在强化。特别是在面临人口增长、消费增加、农业资源制约加大的情况下,我们应该从维护国家安全、应对国际政治挑战及支撑国家社会稳定发展的战略高度,来清醒认识粮食、农业的功能和地位。

* * *

从全球来看,当前粮食供给是平衡的,但是区域供给、消费结构和需求、粮食购买力是不平衡的。虽然粮食在稳定增长,但是全球饥饿人口并没有明显下降。对全球来说,粮食安全仍然是一个世界性的、长久的课题。从国内来看,新形势下我们要重新从理论上和理念上认识粮食安全的问题。2016年12月2日,农业部原常务副部长、中国农业经济学会会长尹成杰在"2016中国粮油财富论坛"主题演讲中指出,农业现代化是国家现代化的基础,农业现代化是全面实现小康的基础,这是"十三五"规划当中作出的重要论断。在新的形势下,粮食安全的地位在提升、功能在强化。特别是在面临人口增长、消费增加、农业资源制约加大的情况下,我们应该从维护国家安全、应对国际政治挑战及支撑国家社会稳定发展的战略高度,来清醒认识粮食、农业的功能和地位。

尹成杰表示,新形势下,我国粮食安全状况也面临新挑战。首先,农业生产水平提高,农业比较效益下滑。农产品在价格"天花板"和成本"地板"双重挤压下,再加上农业投入价格的提高,使种粮成本大有向千元迈进的趋势,农民种粮收入有进一步减少的可能。

大宗农产品过剩与优质农产品不足并存的状况给中国农业的竞争力带来很大的压力。同时，农业资源的消耗和生态环境面临的污染也比较严重。

过去，我们粮食增长和农产品的增长应该说是以过度消耗资源和加大投入来实现的，如果没有这两个措施，产量不足是我们必须应对的一个挑战。

此外，农业规模化、专业化程度较低，导致农业资源利用粗放、农业投入效率比较低。农业支持保护政策的结构还需要不断完善，在农业资源保护、生态修复、优质品牌培育、现代流通体系建设、农产品加工服务等方面，我们的政策还不够健全。

尹成杰指出，在"以我为主，立足国内，确保产能，适度进口，科技支撑"这一新的粮食安全方针统领下，进一步提升国家粮食安全水平，我们需要进一步加大强农惠农富农政策，越是粮食"十二连增"，越要加大粮食政策扶持力度，同时要向粮食大省大市大县倾斜，要向粮食主产区和种植户倾斜。大力加强现代农业产业体系、生产体系、经营体系的建设，真正解决未来谁来种地、谁来建设现代农业、怎样提高农业经营效益的问题。

习总书记在考察黑龙江农业时强调指出，要建设现代农业大基地、大企业、大产业。传统农业向现代农业转型升级，迫切要求我们加强对家庭农场、农民合作社等新型经营主体的培育，以实现农业的标准化、规模化和品牌化。

同时深化调整农业区域产品结构，从整体上、产业链上解决农业转型升级的问题，加大粮食等农产品的加工转化和畜牧业转化力度。

尹成杰指出，未来，现代农业不是原料农业，而是加工农业，加工农业就是"财富农业"。我们只有提升加工产品的附加值，满足新的消费需求，才能提高农业的转化效率。

叶兴庆

推进农业供给侧改革须找准四大着力点

  经过30多年的转型发展,我国农业在结构优化和效率提高等方面都有进步。但也要看到,深层次的矛盾和问题在不断积累,只有通过深化改革来化解。一是发展多种形式的农业适度规模经营。二是以绿色产能的增长接替边际产能的退出。三是延长和重构农业产业链、价值链。四是释放正确的市场和政策信号。

* * *

  经过30多年的转型发展,我国农业在结构优化和效率提高等方面都有进步。但也要看到,深层次的矛盾和问题在不断积累。随着工业化城镇化的深入发展、全社会生态文明意识的觉醒、国内外农产品市场融合程度的加深,我国农业发展方式中不健康、不可持续、缺乏竞争力的问题日益突出。

  一是国际竞争力下降。我国农产品成本高,根子在于人多地少水缺的资源禀赋。随着工业化城镇化程度提高,人工和土地成本快速增长,我国农业缺乏国际竞争力的问题日益凸显。二是可持续发展能力下降。与传统工业面临产能过剩现象不同,农业面临较为严重的产能透支。透支带来的后果在逐步显现,导致农业可持续发展能力不断下降。三是供需匹配能力下降。一方面,粮食产量缺口需靠进口弥补,另一方面,粮食浪费惊人。四是增收支撑能力下降。

  农业发展面临的上述突出矛盾和问题,只有通过深化改革来化解。与农业结构调整相比,农业供给侧结构性改革更加注重解决体制机制问题，从根本上矫正供需结构错配和要素配置扭曲，以新的发展理念破解农业发展中存在的突出矛盾和问题。

一是发展多种形式的农业适度规模经营。要加快农村土地承包经营权确权登记颁证，推进"三权分置"改革，构建培育新型农业经营主体的政策体系。

二是以绿色产能的增长接替边际产能的退出。过去以牺牲生态环境为代价换取的农业产能，是一种不健康、不可持续的产能，必须尽快退出。推动农业走上绿色发展道路，发展资源节约、环境友好型农业，是推动全社会绿色发展的主战场，也是农业供给侧结构性改革的一个重要任务。在这一过程中，既要推进科技创新，大规模开展高标准农田建设和农田水利建设，大力推进农业科技进步；还要推进制度创新，构建起有利于促进农业绿色发展的体制机制。

三是延长和重构农业产业链、价值链。以农业为基础，以提高农民分享比例为目的，推进农村一二三次产业融合发展。按照有利于延长农业产业链的方向，推动农产品加工业转型升级。按照有利于农民分享增值收益的方向，完善农业产业链与农民的利益联结机制。

四是释放正确的市场和政策信号。稳步推进农产品价格形成机制和收储制度改革，以降低价格扭曲程度、矫正资源错配为方向，坚持市场化改革取向与保护农民利益并重，坚持"分品种施策，渐进式推进"。继续执行稻谷和小麦最低收购价政策，但要增强政策弹性，改变只涨不降的刚性预期。积极稳妥地推进玉米收储制度改革，建立"市场化收购＋补贴"的新模式。无论是将种粮农民直接补贴、农作物良种补贴、农资综合补贴合并为农业支持保护补贴，还是建立农业信贷担保体系，抑或是发展农村普惠金融、完善农业保险制度等，都应体现向提高农业质量效益和竞争力聚焦、向新型经营主体倾斜、向资源节约和环境友好生产方式发力的政策取向，以农业政策转型引领农业发展方式转型。

韩 俊

农业供给侧改革须做好"稳调改补"文章

> 当前特别重要的是"稳粮"。需要调减的供过于求的粮食品种要下决心调减下来,但绝不能理解为简单调减粮食总量。做好"调"的文章,不能搞层层下指标的"运动式"调整。政府这只"有形之手"既不能伸得太长,什么都管、什么都抓;也不能缩得太短,不作为、不愿为,对市场"无形之手"失灵的现象视而不见。

* * *

我国农业农村发展已进入新的历史阶段,农业的主要矛盾由总量不足转变为结构性矛盾,矛盾的主要方面在供给侧,必须深入推进农业供给侧结构性改革,加快培育农业农村发展新动能,开创农业现代化建设新局面。

深入推进农业供给侧结构性改革,必须以问题为导向精准发力,把工夫下在结构调整上,尤其要把精力放在体制机制改革创新上。

做好"稳"的文章。稳是主基调,稳是大局。推进农业供给侧结构性改革,要稳字当头,保持农业生产稳定、农民增收稳定、农村社会稳定。当前特别重要的是"稳粮"。需要调减的供过于求的粮食品种要下决心调减下来,但绝不能理解为简单调减粮食总量。粮食安全是战略性问题。我们必须毫不动摇地抓粮食生产,把产能建设作为根本,实施藏粮于地、藏粮于技战略,严守耕地红线,保护优化粮食产能,确保谷物基本自给、口粮绝对安全。

做好"调"的文章。"调"主要是调优农产品结构,着力提质增效;调绿农业生产方式,增强可持续发展能力;调新农村产业结构,着力发展农村新产业新业态，促进第一、第二、第三产业深度融合。

做好"调"的文章，不能搞一刀切、一个方子管到底。要防止头痛医头、脚痛医脚，不能搞层层下指标的"运动式"调整。政府这只"有形之手"既不能伸得太长，什么都管、什么都抓；也不能缩得太短，不作为、不愿为，对市场"无形之手"失灵的现象视而不见。当前，应重点强化主体培育，在单纯靠市场解决不好或解决起来效率不高的公共服务等领域多做补充补位工作。

做好"改"的文章。推进农业供给侧结构性改革，关键是改革、重点在改革、成败看改革。改革的重点是处理好政府和市场关系，协调好各方面利益关系，建立起有利于实现优质化、绿色化、特色化、融合化发展的市场环境和体制机制。比如，东北等地玉米过多的现象，问题的症结在于价格机制被扭曲，临时收储政策长期化。因此，应改革价格形成机制，改革粮食收储制度，实行市场定价、价补分离，培育并激发市场主体活力。做好"改"的文章，还要加强农村基础性制度建设。

做好"补"的文章。推进农业供给侧结构性改革，改善农业基础设施和物质技术条件是支撑，科技创新驱动是关键，农村人力资源开发是保障。这些方面还存在不少短板，有不少漏点、痛点、难点，应抓紧补齐和破解。补齐农业基础设施短板，关键是加快高标准农田建设。补齐科技方面的短板，应加强种业等基础性重大农业科技的联合攻关，搞好协作协同，切实解决农业关键技术长期受制于人的问题。补齐物质技术条件支撑方面的短板，应加快健全农业生产装备技术体系，大力发展农业种养业新技术和适宜装备，推进设备国产化。补齐人力资源方面的短板，应抓好农村招才引智，吸引更多外出务工经商人员返乡创业；重点围绕新型职业农民培育、农民工职业技能提升，整合各渠道培训资金和资源，创新培训模式，建立政府主导、部门协作、统筹安排、产业带动的培训机制。

张桃林

遵循"稳"的大逻辑 稳住农业"基本盘"

> 我国粮食和主要农产品供需关系呈现"总量基本平衡、结构性短缺、长期性偏紧"的格局,对调结构转方式的要求十分迫切,需要正确认识和稳妥处理好几个重要关系——调结构与稳粮食的关系、稳产量与强产能的关系、抓生产与保生态的关系、市场与政府的关系、规模经营与小农经营的关系。

* * *

目前我国粮食和主要农产品供需关系呈现"总量基本平衡、结构性短缺、长期性偏紧"的格局,对调结构转方式的要求十分迫切,需要从经济发展新常态出发,遵循大逻辑,正确认识和稳妥处理好现阶段农业发展中的几个重要关系。

处理好调结构与稳粮食的关系。调结构是一个动态过程。当前,我国农业供给侧结构性改革正处在关键期,需要增强定力,把握好节奏、力度,把握好调结构与稳粮食的动态平衡,坚守"谷物基本自给,口粮绝对安全"的底线,优化粮食品种结构和空间布局,发挥粮食生产功能区的比较优势,提高粮食的品质和综合效益。调结构要与水土光热等农业自然基础、环境生态容量以及国内外市场供求关系、比较优势及消费结构变化相适应。同时,要做好规划布局并强化政策引导、科技支撑,加快形成种植结构、种养结构及第一、第二、第三产业结构等相互衔接、布局合理、协同发展的新型产业体系。

处理好稳产量与强产能的关系。新形势下的国家粮食安全战略,将重点转移到了确保产能上。适应这一调整,一方面,要更加注重提升产能,包括以农业基础设施、高标准农田、耕地质量、环境生态等为核心的"硬产能"建设和以科技创新与应用、现代农业产业体系、体制机制及政策创新等为支撑的"软产能"建设,更加有力地落实"藏粮于土"和"藏粮于技"战略。另一方面,要加快建立健全产量与产能转化机制,构建粮食及主要农产品供求及价格变化等信息的监测预警信息系统和响应调控保障体系,确保在需要时产能能够迅速有效地转化为现实产量,掌握生产上的主动权和定价议价上的话语权。

处理好抓生产与保生态的关系。生态环境是农业生产的基础,要充分考虑农业资源和生态环境的承载能力,在确保国家粮食安全和主要农产品有效供给的前提下,加快推进农业发展方式转变,大力实施农业水源污染防治攻坚战及土壤污染防治行动计划,寓环境保护于现代生态农业发展之中,实现生产、生活、生态"三生协调""三生共赢"。

处理好市场与政府的关系。要更好地发挥政府作用,继续加大财政支持力度,在稳定投入的同时,更好厘清政府与市场的边界,更多考虑创新财政支农方式,改革项目、资金管理机制,提高资金使用效能,要注重通过财政资金撬动金融保险和社会资本支农,发挥财政资金"四两拨千斤"的导向引领、联动捆绑和聚集放大作用,更好地运用市场机制,形成全社会、全方位、全过程、全要素支持现代农业发展的强大合力。

处理好规模经营与小农经营的关系。当前农户小规模分散经营仍是我国农业生产的主要形式,而且可能在相当长时期内还难以根本改变。创新农业经营体系,不能忽视了普通农户。

在研究制定产业政策时,一方面要引导鼓励支持多种形式的适度规模经营,突出重点,体现倾斜。另一方面,又要实事求是、因地制宜、兼顾一般、循序渐进,处理好公平与效率的关系,在推动发展生产力的同时,注重与现有生产关系和生产组织模式的协调并进,统筹安排好各项扶持政策。

李国祥

农业这条船要向"优质优价"调头

　　此前进行的几轮农业结构调整,基本上都是在农产品数量上做文章,并未有效地熨平农业生产周期性波动的问题。消费者对质量的要求进一步提高,农民需要寻求新的增收空间,加上国际市场影响加大,客观上要求转换农业发展方式,从单纯追求数量的动力机制,过渡到优质优价的市场机制。

* * *

　　农业供给质量不高,是当前我国农业发展的突出问题。2016年底召开的中央农村工作会议,提出要把提高农业供给质量作为主攻方向,培育农业农村发展新动能,提高农业综合效益和竞争力,无疑是有的放矢。

　　农业供给质量问题,不单指纯粹的质量达标问题,还在于农产品供给不能很好地满足消费者生活质量提高和健康生活的需要,以及农业投入不合理、农业资源消耗过度及环境恶化等对未来收益的损害。

　　事实上,我国已经加大了农产品质量安全监测,公布的农产品质量安全达标率近乎100%,近几年亦未发生农产品质量安全重大恶性事件。但客观地说,由于农业化学投入物的滥用,消费者对国产农产品的信心尚未完全建立起来。我国用不足世界10%的耕地养活超过世界20%的人口,却也使用了占世界30%以上的化肥。

　　然而,使用多少化肥,不只是农民的价值选择题,还受许多因素限制或驱动。长期以来,我国农业走的是一条艰难的路,在农业资源受约束的情况下,还要不断提高农民收入。这导致了不断提高农产品数量的政策倾向。因此，农业供给质量的改革，不是让一艘船调头，而是整个舰队要转向。

此前进行的几轮农业结构调整，虽然要求农民面向市场调优生产，也解决了结构调整前的财政负担过重、农民卖粮难和打白条等难题，但基本上都是在农产品数量上做文章，并未有效地熨平农业生产周期性波动的问题。

发展到今天，改革形势也在悄悄地起变化。消费者对质量的要求进一步提高，农民需要寻求新的增收空间，加上国际市场影响加大，这几个因素合在一起，客观上要求我们转换农业发展方式，从单纯追求数量的动力机制，过渡到优质优价的市场机制。

农业供给质量已经在很大程度上是由市场机制来决定，但农业结构调整必须发挥好政府作用。政府不推动，片面追求农产品数量的发展方式还将持续下去。然而，政府部门的主要精力，应该放在农产品价格形成机制的改革上。只要能守住粮食生产能力不降低、农民增收势头不逆转、农村稳定不出问题这三条底线，没必要过于细致地去干预农业产业结构。

与之相应，农业政策的设计与实施，必须充分体现出优质优价原则的核心地位。比如，在执行稻谷、小麦最低收购价政策的同时，可以根据质量差别适度拉开档次。托市收购价的影响因素，除了水分和杂质，还应把营养含量、纯度等体现质量差别的参数包括进来。在重金属污染和地下水消耗过度等不适宜生产地区，停止托市收购政策。这些地方的农产品，政府要积极推动品牌建设，设定严格标准，并重新调整科技创新资源配置，为其提供不同方向的科技支撑。总之，要把提升农业供给质量作为一项系统工程来抓，让支撑农业生产的技术体系和政策措施，整体转向有利于实现农产品优质优价的轨道上来。

唐仁健

"三调整三激活"推进农业供给侧改革

> 农业供给侧结构性改革包括结构调整和改革两大板块。其中,农业供给侧结构要推进"三大调整"——调优产品结构,突出"优"字;调好生产方式,突出"绿"字;调顺产业体系,突出"新"字。而改革的核心是理顺政府和市场的关系,实现"三大激活"——激活市场、激活要素、激活主体。

* * *

2017年中央一号文件继续锁定"三农"工作,把深入推进农业供给侧结构性改革作为新的历史阶段农业农村工作主线。

"当前农业农村发展的内外环境发生了大的变化,出现许多新矛盾新问题。"时任中央农村工作领导小组副组长、中央农办主任唐仁健说:"主要是农产品需求升级了,有效供给跟不上;资源环境承载能力到了极限了,绿色生产跟不上;国外低价农产品进来了,国内竞争力跟不上;农民增收传统动力减弱了,新的动力跟不上。"他认为,矛盾的主要方面在供给侧,突出的是结构性、体制性矛盾。深入推进农业供给侧结构性改革,就是要从供给侧入手、在体制机制创新上发力,从根子上解决这些矛盾问题。

"农业供给侧结构性改革成不成功,要看供给体系是否优化、效率是否提高,更要看农民是否增收、是否得实惠。主攻方向是提高农业供给质量。"唐仁健表示,要用改革的办法来推动农业农村发展由过度依赖资源消耗、主要满足量的需求,向追求绿色生态可持续、更加注重满足质的需求转变,实现农业增效、农民增收、农村增绿。

唐仁健说，农业供给侧结构性改革包括结构调整和改革两大板块。其中，农业供给侧结构要推进"三大调整"——调优产品结构，突出"优"字。消除无效供给，增加有效供给，减少低端供给，拓展中高端供给，突出"优质专用"大宗农产品和"特色优势"其他农产品的生产供给。文件提出要统筹调整粮经饲种植结构，发展规模高效养殖业，做大做强优势特色产业，优化农业区域布局，提升农产品质量和食品安全水平。

调好生产方式，突出"绿"字。推行绿色生产方式，修复、治理生态环境，既还历史旧账，也为后代留生存和发展空间。文件提出推进农业清洁生产、大规模实施农业节水工程、集中治理农业环境突出问题、加强重大生态工程建设等。

调顺产业体系，突出"新"字。着力发展农村新产业新业态，促进三大产业深度融合，实现农业的全环节升级、全链条升值。文件提出大力发展乡村休闲旅游产业、推进农村电商发展、加快发展现代食品产业、培育宜居宜业特色村镇等。

而改革的核心是理顺政府和市场的关系，实现"三大激活"：

激活市场。深化粮食等重要农产品价格形成机制和收储制度改革、完善农业补贴制度等重要举措。

激活要素。改革财政支农投入机制、加快农村金融创新、深化集体产权制度改革和探索建立农业农村发展用地保障机制等重大政策举措。

激活主体。培育新型农业经营主体和服务主体、开发农村人力资源和吸引各类人才回乡下乡创新等政策措施。

当下，如何进一步加大对"三农"的支持力度。唐仁健指出了两个思路：培育壮大新产业新业态，财政上做好整合和撬动两篇大文章。整合，就是通过对存量资金进行统筹整合，集中力量把最该办的事办好；撬动，就是把有限的财政资金作为"药引子"，吸引金融和社会资本更多投向农业农村。

石少龙

以冷静态度看待谷价再降

> 稻谷价格适当的、小幅的微调，无论在操作技术或心理感受上，都是可取的，这当然包括微降。市场的变化，在这个信息透明的时代，种粮人知晓、收粮人知悉，心理预期、心理准备或多或少都有。未遇必须大幅降价的理由，政策性粮食收购价格便如此顺理成章、波澜不惊地小幅走低。

* * *

2017年2月5日发布的中央一号文件提出，坚持并完善稻谷、小麦最低收购价政策，合理调整最低收购价水平，形成合理比价关系。于是诸多人士推测，稻谷最低收购价，2016年的早籼稻已带头试水微降，2017年稻谷将继续微调。果然，2月17日，国家公布的2017年稻谷最低收购价即予验证，早籼稻、中晚籼稻、粳稻价格一齐下调。

2017年生产的早籼稻、中晚籼稻和粳稻最低收购价格分别为每50公斤130元、136元和150元，分别比上年下降3元、2元、5元，下降2.26%、1.45%、3.23%。但与实行粮食最低收购价制度以来几个年度间的10%乃至20%的涨幅相比，这是一个微小的降幅。

稻谷价格适当的、小幅的微调，无论在操作技术或心理感受上，都是可取的，这当然包括微降。上年早籼稻价格由每百斤135元略降至133元，给出的理由无非是综合考虑粮食生产成本、市场供求、国内外市场价格和产业发展等各方面因素，且并未特别说明，结果并未导致稻农抵触，也并未引发粮市波动。市场的变化，在这个信息透明的时代，种粮人知晓、收粮人知悉,心理预期、心理准备或多或少都有。未遇必须大幅降价的理由,政策性粮食收购价格便如此顺理成章、波澜不惊地小幅走低。

稻谷价格适当的、小幅的微降适合农业包括粮食行业供给侧结构性改革。粮食行业累积的"高库存、高进口、高成本"的突出问题,需要去库存、降成本、补短板,而价格调节即为重要方式,包括价格对生产、流通、消费的调节。这些年,小麦、稻谷最低收购价,是一个管用的信号。

每年年初,不少人等着这个信号,而信号一出,粮食的产供销环节都有反映,能够影响全国主粮市场。

稻谷价格适当的、小幅的微降有益于粮食行业正常经营。长期的高仓满储、稻强米弱,让粮食收储企业、加工企业觉得"憋屈"。面对丰收的粮食,不收购不行,收购多了难储;不加工不行,加工多了亏本。那么,在新的粮价引导下,稻谷种植结构的优化、加工成本的降低,都会迎来新的空间、新的变化,而且具有良性的惯性作用。以政策性稻谷销售为例,近年来,南方有的省份有一定数量的稻谷作为饲料粮拍卖,北方南下玉米价格却一路走低,而稻谷一定程度上取代玉米作为饲料,个中有个比价问题。

至少目前,稻谷尤为早籼稻微降,对饲料稻谷的出库,是利好因素。适当降价,也利于减轻储备稻轮换压力。

尽管各类稻谷微降,但制定最低收购价的宗旨是明确的,那就是保护农民利益,防止"谷贱伤农",继续在稻谷主产区实行最低收购价政策。而中央提出深化粮食等重要农产品价格形成机制和收储制度改革,还蕴含着深刻的道理。从改革玉米临储政策入手,还要研究完善小麦、稻谷最低收购价政策,这就要评估降价利弊,考虑大户收益,顾及粮食产能。

潘建成

加快农业提质　促进农民增收农村增绿

> 提高农业质量不仅对农民增收有着重要的意义，对农村增绿也有着重要的作用。高质量要求高效率，高效率要求降低单位产出的资源环境成本。这就需要摒弃过去依靠大肥大农大水的资源消耗型发展方式，加强产地环境保护和源头治理，深入实施化肥农药零增长行动，推行绿色生产方式，发展农业循环经济。

* * *

2016年第四季度，中经农业景气指数为101.3点，自2011年第四季度达到近几年的高点105.2点以来，呈逐年回落走势，2012年至2015年第四季度指数值分别为103.1、102.3、102.7和102.5点。与此同时，第一产业增加值增速近几年也呈波动下行走势，2012年至2016年，增速分别为4.5%、3.8%、4.1%、3.9%和3.3%。中经农业景气指数及相关数据的走势均表明，从数量上看，农业很多方面的增长呈持续放缓走势，且预期未来仍将延续温和下行走势。

值得注意的是，由于已达到一定的台阶，尤其是粮食产量保持了10多年的丰收，农业数量增长放缓对中国经济社会发展的总体影响并不大。然而，在需求持续升级的当下，农业经济表现出来的突出问题不是总量问题而是结构性矛盾。

造成我国农业结构性矛盾的原因众多，从根本上来看，是过去比较多地注重数量而非关注质量的结果。提高农业质量不仅对农民增收有着重要的意义，对农村增绿也有着重要的作用。高质量要求高效率，高效率要求降低单位产出的资源环境成本。这就需要摒弃过去依靠大肥大农大水的资源消耗型发展方式，加强产地环境保护和源头治理，深入实施化肥农药零增长行动，推行绿色生产方式，发展农业循环经济。

提升农业发展质量，实现农业增效农民增收农村增绿，需要以市场需求为引导，以科技为支撑，以改革为推动。

以市场需求为引导，就是要在稳定粮食生产的基础上，调整农业发展结构，增加市场缺、销路好、质量高的农产品生产，调减滞销品种生产。就当前市场需求发展趋势来看，要发展规模高效养殖业，提升肉蛋奶供应品质；做大做强优势特色产业，促进杂粮杂豆、蔬菜瓜果、茶叶、花卉、食用菌、中药材和特色养殖等产业提档升级；实施标准化战略和品牌建设，完善食品质量安全监管体系。

以科技为支撑，就是要通过农业科技创新、农业科技推广、农业科技园区建设提升农业的技术水平和发展质量。今年（2016年）一号文件提出，适应农业转方式调结构新要求，调整农业科技创新方向和重点。在创新方向上，应从注重数量为主，向数量质量效益并重转变；从注重粮食生产为主，向粮经饲统筹和大农业转变；从注重农业种养为主，向种养加资源环境等全过程全要素转变。

围绕创新重点，在战略必争的农业基础科学和前沿技术领域实现率先跨越；在受制于人的现代农业核心关键技术领域实现技术跨越；在区域现代农业发展技术领域实现集成跨越。

以改革为推动，就是要改革粮食等重要农产品价格形成机制和收储制度，完善农业补贴制度，让市场发挥积极作用，让农业生产者真正成为市场经营主体，使农业生产结构和产品结构与市场需求相匹配；改革财政支农投入机制、加快农村金融创新、深化集体产权制度改革和探索建立农业农村发展用地保障机制，鼓励更多社会资本和金融资本进入农业；培育新型农业经营主体和服务主体。

佟　毅

供给侧改革让玉米市场重现生机

> 农业供给侧结构性改革将有效降低我国玉米市场存在的生产量、进口量和库存量的"三高"问题。玉米种植结构进一步优化有效降低了不适宜区域种植面积。玉米"市场定价、价补分离"原则正推动国内玉米价格市场化，使玉米深加工、贸易等重现生机。

* * *

"2016年之前，国家在东北托底收购玉米，农民什么品种产量高种什么，生产和企业需要总是存在差距。"2017年"两会"期间，全国人大代表、中粮集团中粮生化平台公司总经理佟毅说，实施农业供给侧结构性改革和玉米市场化战略，在调优种植结构的同时，也将有效降低玉米生产量、进口量和库存量的"三高"问题，激活玉米全产业链。

过去一年，始终密切关注玉米问题的佟毅看到了可喜变化：农民主动调结构，选择种植品种时开始看企业需求了，一些不适合种植玉米的地方退出来了。"农民正从种'大路货'玉米开始转向生产对接精深加工和饲料等专用型、优质优价的玉米。"

佟毅表示，从2016年开始，中粮生化积极实践农业供给侧结构性改革，在东北大力推动绿色玉米、有机玉米种植和高油高蛋白玉米、糯玉米等品种的订单种植，让企业和农民实现了"双赢"。

佟毅认为，农业供给侧结构性改革将有效降低我国玉米市场存在的生产量、进口量和库存量的"三高"问题。"玉米种植结构进一步优化有效降低了不适宜区域种植面积。玉米'市场定价、价补分离'原则正推动国内玉米价格市场化,使玉米深加工、贸易等重现生机。"

佟毅介绍说,在国家玉米市场化战略和深加工产品出口退税政策支持下,2016年我国玉米淀粉出口量为13.28万吨,同比增长80%,出口量创5年来新高;玉米果糖产品出口量为48万吨,同比增长65%,出口量创历史新高。

目前,我国的农业供给侧结构性改革正在有序推进中,这是一个新的领域,没有现成的经验可循。针对玉米在农业供给侧结构性改革中面临的问题,佟毅建议要坚持"市场定价、价补分离"的玉米收储制度改革方向不动摇,同时坚定推动玉米的"去库存",推动燃料乙醇能源战略落地和玉米深加工产品出口。"发展燃料乙醇,不仅能够帮助玉米去库存,还对环境保护有积极促进作用。"

"作为国家粮食主产区,吉林省在确保国家粮食安全的前提下,要带头把粮食深加工产业做大做强。"佟毅呼吁,吉林省相关部门应认真研究,大力发展粮食深加工产业。"发展粮食深加工产业,既解决了卖粮难问题,又解决了税收问题和劳动力安置问题,搞活了粮食在生产、仓储、物流、加工、销售等一系列环节。"

佟毅建议,大型粮食加工企业要走精深加工之路,中小企业要加强联动,打造产业集群。一是相关部门系统研究粮食深加工问题,让全省人民受益。二是积极向国家争取粮食深加工企业的补贴政策。三是加快转型升级,全力打造潜力大、附加值高、技术含量高的粮食深加工产业。

"李克强总理在政府工作报告中指出,鼓励多渠道消化玉米库存。支持主产区发展农产品精深加工,拓展产业价值链,打造农村第一、第二、第三产业融合发展新格局。这为吉林省加快转变农业发展方式、调整农业产业结构、实施农业供给侧结构性改革提振了信心。"佟毅如是说。

陈锡文

东北玉米价补分离效果好于预期

总地来说，2016年一年，东北四省区玉米价格形成机制、补贴政策和收储制度改革，取得的效果比预期好得多。总结出经验之后，不仅对玉米的改革，对其他重要农产品的价格改革也会起很大作用。特别是为下一步怎么对稻谷和小麦价格进行合理的改革提供了好的经验。

* * *

"总地来说，2016年一年，东北四省区玉米价格形成机制、补贴政策和收储制度改革，取得的效果比预期好得多。总结出经验之后，不仅对玉米的改革，对其他重要农产品的价格改革也会起很大作用。特别是为下一步怎么对稻谷和小麦价格进行合理的改革提供了好的经验。"2017年3月4日，全国政协常委、全国政协经济委员会副主任陈锡文在谈及东北玉米价补分离政策实施效果时表示。

"在推进农业供给侧结构性改革中，一个非常重要的问题，就是要发挥市场机制的作用，主要表现在主要农产品的价格上。"陈锡文说，"2016年中央一号文件明确，东北玉米改革的基本原则就是市场定价，价补分离。按照这个原则推进改革，至少现在能看到三个非常明显的效果。"

"一是生产总量调整了。政策出台之后，东北四省区玉米播种面积下降了10%以上，减少了2300万亩。二是价格明显向合理方向回归。收储最低价最高的时候达到平均1.12元/斤，2015年主动调减到1元/斤，现在平均价在0.75元/斤左右，这个价格是市场可以接受的价格。三是农民得到了比较合理的补偿。政府2016年补贴了390多亿元，平均一亩地可以补贴

150～180元。在调研中看到，如果是种自家地的农民，有了这个补贴，他还是有赚头儿的；如果是租地的农民，租地价格比较合理的话，大体上也能保本。"陈锡文表示。

我国很多农产品价格高于国际市场，普遍认为这是政府定价的结果，陈锡文说："无论是最低价也好、零售价也好，其初衷是托底的市场最低价，也就是给农民一个承诺，让农民放心。但是，自2008年第一次开始提高最低价起，慢慢地最低价就不再是一个托底价了，还包含了对农民补贴的成分。提到后来，就像东北的玉米零售价，成了东北玉米市场的最高价了，到了这个程度不改革就不行了。"因此，改革要发挥市场机制的作用，就必须把补贴从价格里拿出来。"拿出来的同时仍然要给农民，只是要换一种方式，就像东北玉米价补分离的改革。""围绕玉米进行的改革只是一个开始，对于推进我们整个农产品价格改革将发挥重要作用。"陈锡文说，我国有上千个农产品，真正由政府定价的主要是小麦、稻谷、玉米、大豆、棉花、油菜籽这6个品种。

"新疆的棉花已经按照目标价格方向改革了，大豆的价格机制还会继续调整，长江流域的油菜籽也进行了价格竞争机制改革，2016年玉米价格也开始改革。"陈锡文说，现在大家更关心小麦和稻谷这两个品种。中央一号文件明确表示，要坚持和完善小麦、稻谷的最低收购价政策，所以至少今年（2017年）不会改。

韩长赋

粮食产量适当增减将是常态

2016年全国粮食产量止步于"十二连增",但仍是第二个历史高产年。2016年粮食减少104亿斤,主要是玉米,这是主动调整的结果。今后粮食产量根据当期供求关系适当增减会成为常态。粮食生产是"两难"。多了不行,少了更不行。作为农业主管部门,第一位的职责还是要保障全国人民能够到点开饭。

* * *

如何保障"全国人民能够到点开饭"?在增加"菜篮子"产品和改善生态环境之间如何寻求平衡?城乡一体化进程中又如何确保农民利益?2017年3月7日上午,农业部部长韩长赋就推进农业供给侧结构性改革的相关热点话题作了全面回应和介绍。

2017年中央一号文件把推进农业供给侧结构性改革作为主线,政府工作报告再次提到深入推进这项改革。韩长赋对此表示,改革主要解决三个问题:适应市场需求,改善农产品供求关系;提高农业的质量和效益,增加农民收入;促进农业转型升级,提高竞争力。

韩长赋介绍说,2017年农业部将抓好五件事:去库存,主要是减少玉米种植面积;补短板,就是补齐优质品种、短缺产品、生态环境的短板;增效益,大力推进节本增效和适度规模经营,拉长农业的产业链;育主体,培育新型农业经营主体;增动能,深化粮食等重要农产品价格形成机制和收储制度的改革。

土地问题是现在农村改革的重点。韩长赋表示,推进农村改革仍是以农民和土地的关系为主线，因为土地问题涉及粮食安全，也涉及亿万农民的权益。

据他介绍，目前全国已流转的农地占农村家庭承包耕地总面积的35%左右。这是发展现代农业的方向，发展现代农业需要有规模经营，同时土地流转也是实现农民对土地权益的一个路径。

韩长赋表示，土地流转中的重要问题是保护好农民的权益。目前正在进行承包地的确权登记颁证，把每一户农民的承包地在哪儿、多大面积、土地生产能力怎么样，都进行明确勘测、评估和登记。

2016年全国粮食产量止步于"十二连增"，但仍是第二个历史高产年。韩长赋说，2016年粮食减少104亿斤，主要是玉米，这是主动调整的结果。今后粮食产量根据当期供求关系适当增减会成为常态。

"粮食生产是'两难'。多了不行，少了更不行。作为农业主管部门，我们第一位的职责还是要保障全国人民能够到点开饭。"韩长赋说，"我们将贯彻国家新的粮食安全战略，首先要守住谷物基本自给、口粮绝对安全的底线。"

据他概括，新的粮食安全战略是"三个两"：

保住两大口粮。就是要保持稻谷、小麦这两大口粮的面积和产量总体稳定，确保口粮绝对安全，为此要完善稻谷、小麦的最低收购价政策，特别要加快划定粮食生产功能区，把口粮生产任务落到地块。

稳住两个积极性。就是要稳住地方政府重农抓粮和广大农民务农种粮的积极性，完善粮食价格政策，健全生产者补贴制度。发展粮食适度规模经营，让种粮的人有账算、有收益。同时，完善主产区利益补偿机制，重点加大对产粮大县的奖补力度，让地方发展粮食生产不吃亏。

实施"两藏"战略。藏粮于地、藏粮于技，巩固提升粮食产能。重点加强高标准农田建设，"十三五"末要确保达到8亿亩，力争搞到10亿亩；重点支持种业科技创新和农业技术集成创新，通过机械化降低粮食生产成本。

柯炳生

价补分离是改革必由之路

"市场定价、价补分离"才是我国未来农业补贴制度的改革方向；玉米价格下跌只是暂时现象，随着价格形成机制的理顺，玉米去库存有望取得长足进展，价格也会随之回调。一来我国农业人口众多，依靠财政补贴实现农民增收难以持续；二来此前的"价补不分"并不是科学合理的补贴方式。

* * *

2016年，我国启动了玉米收储制度改革，将实施了8年的"政府定价、政策性收购"改为"市场定价、价补分离"，改变玉米价格国内外倒挂，为去库存创造了前提条件。但改革之后部分地区出现玉米价格下跌、农民种粮收入受到影响的问题，对此要全面、客观、长远地看问题。

2017年"两会"期间，全国政协委员、中国农业大学校长柯炳生表示，靠政府价格补贴实现农民增收的方式难以持续，"市场定价、价补分离"才是我国未来农业补贴制度的改革方向；玉米价格下跌只是暂时现象，随着价格形成机制的理顺，玉米去库存有望取得长足进展，价格也会随之回调。

"不能只靠政府的价格补贴来实现农民增收。欧盟和美国都做过这样的尝试，后来发现都不行。"柯炳生表示。一来我国农业人口众多，依靠财政补贴实现农民增收难以持续；二来此前的"价补不分"并不是科学合理的补贴方式。

柯炳生介绍，目前我国主要粮棉补贴是三种方式并存：稻谷和小麦实行最低收购价格政策，价补不分；棉花实行目标价格政策，价补半分离；

玉米实行市场定价和面积补贴，价补分离。这三种补贴方式，从原理上，大致分别对应着欧盟2003年以前政策、美国现在的政策、欧盟现在的政策。

柯炳生认为，国际经验和我国具体实践经验都表明，"价补分离"是未来我国农业补贴方式的主要改革方向，而欧盟现在的补贴方式是最彻底的"价补分离"：补贴只与农民拥有的土地面积有关，而与种植的作物种类无关，更与市场价格无关。在这样的补贴政策下，农民完全根据市场需求情况，自由选择种植品种，作出调整或者不调整生产结构的决策。

柯炳生称，目前玉米的"价补分离"政策，还不够彻底，还与玉米的面积有关。这样的政策在操作层面还是有些矛盾，最主要的是，难以同时实现调整生产结构和保护农民收入的目标。因为实行市场定价之后，由于玉米过剩，玉米的市场价格必然走低，这样就会减少玉米种植面积，起到调整生产结构的目标效果。但与此同时，种植玉米的农民认为国家补贴太少，不足以弥补市场降价的损失，要求增加补贴。而如果继续按照种植面积增加补贴，那就又不能起到调整生产结构的目标了。将来深化改革的方向，就是补贴只与土地面积有关，而与种植什么无关。

农民的增收更不能只依靠财政补贴来实现。柯炳生认为，实现农民增收应该依靠提高效率、增加产量、降低成本。"一是经营规模的扩大；二是技术创新，提高单产，使用现代化机械手段，降低成本，提高品质，以及种植一些高附加值的产品。"柯炳生表示。

杨 冬

木本油料产业发展应坚持市场导向

  木本油料产业要做大做强，必须依靠科技，走规模化、标准化、产业化和现代化的发展道路，要坚持市场导向、政府扶持。首先，应该因地制宜，选择适合本地区生长的木本油料树种。第二，一定要选择良种壮苗。第三，抓好典型示范，发挥带动作用。第四，要实行立体开发，最大限度地发挥林地资源的综合效益。

* * *

  2015年2月2日，国家林业局发展规划与资金管理司副司长杨冬对《关于加快木本油料产业发展的意见》（以下简称《意见》）进行了官方解读。

  根据《意见》，到2020年，我国木本油料树木种植面积从现有的1.2亿亩发展到2亿亩，年产木本食用油150万吨左右。

  杨冬表示这两个数字非常关键。

  "《意见》出台后，将极大调动地方政府、企业和农民的积极性，木本油料种植规模可能比规划目标进一步提高，木本食用油产量也会相应增加。"杨冬指出，如果政策运用得好，农民的积极性得到提升，可能比预期的种植面积以及产量都要有所加大，最后的生产量可能还会有所提高。

  针对网友询问如何科学种植木本油料树种的问题，杨冬给出了一些专业的意见。

  "首先，应该因地制宜，选择适合本地区生长的木本油料树种。"杨冬表示，要选择好适宜当地发展的树种，突出区域特色，千万不要人云亦云，盲目发展。

第二,一定要选择良种壮苗。杨冬指出:"以油茶为例,使用良种造林后,每亩可产茶油50~60公斤,生产力能提高十多倍,种植油茶8年才能进入丰产期,如果丰产期才发现当初种植的不是良种壮苗,造成的损失就实在太大了。"

第三,抓好典型示范,发挥带动作用。"木本油料产业要做大做强,必须依靠科技,走规模化、标准化、产业化和现代化的发展道路,典型示范工作十分重要。"杨冬指出。

第四,要实行立体开发,最大限度地发挥林地资源的综合效益。杨冬表示:"我们在调研中了解到,近年来各地通过发展林下经济,实行林药、林菌、林粮、林蔬、林花、林禽、林畜等立体开发,使林地的长、中、短期效益有机结合,降低成本、提高效益,最后的效果也是比较好的。"谈到今后国家对扶持木本油料产业发展都有哪些政策,杨冬指出,党中央、国务院对林业非常重视,在政策支持方面,随着木本油料产业发展的逐步推进,国家也会出台相应的政策。

加大财政投入力度。国家将统筹各类造林投资,加大对木本油料基地建设和良种繁育的扶持力度,带动地方投资,包括带动各类社会投资积极参与。

加大金融扶持力度。支持农业发展银行等政策性金融机构加大对木本油料产业扶持力度。推动金融产品和服务模式创新,中央财政对符合条件的木本油料产业贷款项目,实行据实贴息。

支持科技研发和推广。强化科技攻关,进一步扶持木本油料良种选育、丰产栽培技术研究,支持引进优良种质资源。将木本油料采集、烘干、加工及综合利用列入国家科技创新开发项目,并给予重点扶持。

木本油料产业发展要坚持市场导向、政府扶持。"从种植户开始生产,包括种苗、配套的服务,政府都会给予扶持。一旦形成产品之后,会根据市场的规律,完全自由地进入市场。"杨冬表示。

产业观察

中国粮油书系第二卷之
百家说粮

Chanye
guancha

戴 旭

突破基因技术推广自己的粮种

> 科研部门应该像当年搞两弹一星那样，举全国之力，尽快突破基因重组技术在农业和其他领域的应用。在此之前，中国农业管理部门和商务部门不应为外国转基因粮种进入大开方便之门。同时，国家应对本土的粮种公司予以大力支持，运用现代企业制度，打造中国的跨国种子公司。

* * *

2013年底至2014年初的两个月间，中国退运超过60万吨美国玉米，原因是检测发现未经许可的转基因品种。转基因粮食已引起中国社会广泛争议。

基因重组作为近年来生物领域的一项尖端科技，中国应该对其进行积极研究，力争掌握，在实验成功、条件成熟后，还应大力发展。

当今，中国遭受着最新时代技术的威胁，一是互联网信息技术，"棱镜计划"就是一证；二是以转基因粮种为代表的生物技术，外来种子歼灭中国大豆产业后，正汹涌蔓延到中国的主粮——水稻、玉米产业。

在所谓和平的状态下，大国是以经济的形式进行博弈。而各国企业和公司，在一定程度上扮演着各自国家利益尖兵甚至是战略军团的角色。而美国一些战略家思考的是如何通过跨国公司，利用经济手段，在貌似和平的经济战争中，控制其他国家的工业、农业、科技乃至政治、军事领域。正如对美国国情有深刻了解，对世界农业问题、粮食交易垄断和地缘政治有独到研究的美国经济学家威廉·恩道尔指出："如果中国的农业被转基因的种子掌控，最多再过20年，中国将不会作为一个国家而继续存在了。"

融国家安全和公众生命安全于一体的生物国防问题，也应该引起人们的格外注意。在基因重组技术应用与种子产业出现之前，美国已经以生物基因武器全面替代了化学武器，悄悄完成了生化武器领域的革命。20世纪60年代以前，美国一直反对签署《禁止化学武器公约》，但越战后美国突然支持签署该公约，因为美国此时已开发出更高效的基因武器。这是远比核武器杀伤威力更大，但又具有导弹一样精确的大规模种族灭绝性武器。种种迹象表明，世界已处于信息化之后的又一场军事变革之中，而每一次军事变革都会由技术落后又缺少警惕意识的国家和民族充当相应的牺牲品。

多年来，我国大量土地成为建设用地甚至玩乐用地，大量农民进城，水利设施荒废，剩余农地部分被撂荒，这些问题不可能只通过引进外国优良种子来解决。目前并没有权威部门证明转基因的绝对安全性，强行推广不仅会让国人冒毫无必要的风险，还可能导致问题激化为社会矛盾。

笔者认为，科研部门应该像当年搞两弹一星那样，举全国之力，尽快突破基因重组技术在农业和其他领域的应用。在此之前，中国农业管理部门和商务部门不应为外国转基因粮种进入我国市场大开方便之门。同时，国家应对本土的粮种公司予以大力支持，运用现代企业制度，打造中国的跨国种子公司，一来可保护中国的粮食安全和国民身体健康；二来可以在中国进口粮食的地区，推广中国自己的优良品种，以种子和市场换粮食，这在技术上可行，政治上可信，安全上可靠。

因此，按照中央提出的"注重永续发展、转变农业发展方式、发展循环农业"新思路，还有中国广袤西部尚待新技术开发，多管齐下，中国是可以自己解决粮食安全问题的。

吴志华

加强信息化建设　填补丰收背后数据空白

> 中国粮食到底有多少？各类粮食收购主体收购的粮食来自哪里，数量多少，质量怎样？在一个数字化的时代，对这些问题的回答仍是一笔糊涂账。由于对粮食储备企业库存及吞吐量难掌握，加之对多元粮食调控主客体的博弈缺乏有力监控，中国现有粮食宏观调控滞后且低效。

* * *

2004年到2013年，中国粮食实现了"十连增"，为粮食安全夯实了产量基础。但值得关注的是，长期以来，中国粮食安全走的是重生产、轻物流，重数量、轻质量的道路，使得我们一方面粮食供应充足，另一方面粮价却不时大幅波动，削弱了粮食安全体系的整体调控与保障能力。

中国粮食大丰收的背后是巨大的粮食数据空白。

中国粮食到底有多少？各类粮食收购主体收购的粮食来自哪里，数量多少，质量怎样？在一个数字化的时代，对这些问题的回答仍是一笔糊涂账。由于对粮食储备企业库存及吞吐量难掌握，加之对多元粮食调控主客体的博弈缺乏有力监控，中国现有粮食宏观调控滞后且低效。

如果不得到妥善解决，这种状态将影响到中国粮食安全的各个层面。粮食数据的粗放状态，导致强农惠农补贴政策在提高粮食生产积极性方面的效果打折，导致粮食生产资料的科学精细配置很难实现，导致对粮食储备、流通过程中的跑冒滴漏现象无法彻底根除。

打造信息时代的高效粮食安全体系，需要补齐粮食安全的数字短板，与时俱进地开展粮食信息采集、追溯技术和公共信息平台应用，实现粮食流通的数据化、库存信息的智能化。

粮食流通数据化是利用射频识别（RFID）技术、传感器技术等，在粮食收购、仓储、物流与电子交易、宏观调控与应急保障等领域实现信息化，即提供基于物联网的数字粮食解决方案，故又称"数字粮食"工程。

该技术已在江苏省常州、无锡进行了试点，体现出了诸多优势。

利用"RFID农户结算卡"系统，可精确、动态显示粮食收购的时间、地点、品种与买卖对象等信息，并能轻松推导出示范应用地区粮食种植的面积、单产等重要数据，杜绝骗取国家或地方财政补贴，政策支持的虚报、瞒报现象。

可做好粮食管理题，以直观、形象的方式展示省级储备粮计划执行情况、日常保管情况、财务情况，以及粮库安全生产情况，通过粮库作业管理规范化、粮库信息集成与粮食仓储的档案管理，提高了粮库管理的质量和效率。

下好粮食安全棋，缓解小生产与大市场对接过程中多重信息不对称所造成的不利影响；使粮食生产、流通及其财政补贴、调控等处于相对可控状态，提高粮食补贴与调控的准确性、合理性与快捷响应性。

由于中国各粮食网站难以互联互通，粮食数字与电子商务建设相对落后，"数字粮食"的实现程度还远远不够。

为此，要从国家战略高度重视、规划粮食安全的"数字化"，要求相关部门对数字粮库的相关试点进行全面总结、深度挖掘与系统提升，并在此基础上形成中国"数字粮食"大数据应用的顶层设计、推广地图与支撑措施。

要整合分散数据，实现调控转型。着眼于从仓储环节拓展到全流通领域，从"数字粮库"延伸到"数字粮食"与粮食电子商务，打造新型的高效粮食安全体系。

汪懋华

铺设现代农业高速路　大数据应用大有可为

> 当前，农业物联网应用研究快速发展。快速、低成本、可靠感知过程信息是物联网农业应用的基础。我国应当加强农业大数据应用研究，加快推进农业现代化与信息化的深度融合，为建设现代农业，构建社会主义和谐社会和建设资源节约、环境友好的可持续农业提供重要科学技术支撑。

* * *

大数据的发展日新月异，并且已经深入到包括农业在内的各个行业。

2014年，中国工程院院士、中国农业大学教授汪懋华在"科学数据大会"上表示，大数据农业应用研究应当为新型农业现代化作出贡献，"要加快推进农业现代化与信息化的深度融合"。

"当前，农业物联网应用研究快速发展。快速、低成本、可靠感知过程信息是物联网农业应用的基础。一批关键农业信息感知技术和新兴产业培育问题，期待着科技突破。"汪懋华说，"2004年以来，我国粮食生产实现十连增。十八届三中全会提出实施全面深化改革中，进一步突出了加快推进我国农业现代化发展的战略部署。"汪懋华还认为，应当加强农业大数据应用研究。农业大数据是大数据理念、技术和方法在农业领域的实践。

农业大数据涉及水、土、光、热、气候资源，作物育种、种植、施肥、植保、过程管理、收获、加工、存储、机械化等各环节，多类型复杂数据采集、挖掘、处理、分析与应用等问题。

"农业大数据由结构化和非结构化数据构成，随着农业科技创新发展和物联网的应用，非结构化数据呈现快速增长的势头，其数量将大大超过结构化数据。"汪懋华说。

他进一步分析认为，农业大数据类别复杂。从领域来看，以农业领域为核心（涵盖种植业、林业、畜牧水产养殖业、产品加工业等子行业），逐步拓展到相关上下游产业（饲料、化肥、农药、农机、仓储、屠宰业、肉类加工业等），并需整合宏观经济背景数据，包括统计数据、进出口数据、价格数据、生产数据、气象、灾害数据等；从地域来看，以国内区域数据为核心，借鉴国际农业数据作为有效参考，不仅包括全国层面数据，还应涵盖省市数据，甚至地市级数据，为区域农业发展研究提供基础；从广度来看，不仅包括统计数据，还包括涉农经济主体基本信息、投资信息、股东信息、专利信息、进出口信息、招聘信息、媒体信息、地理空间坐标信息等；从专业性来看，应分步构建农业领域的专业数据资源，进而应逐步有序规划专业的子领域数据资源。

但汪懋华表示，目前大数据研究普遍存在着"只有数据、没有利用"的问题，导致搜集数据、存储数据付出的成本被浪费，据报道，通过卫星RS获得的影像数据中，目前得到应用的不到5%。"多半数企业不知如何从数据中获得价值，因此这个问题急需解决。"农业资源、环境、多样化的生产经营方式、保障"舌尖上的安全"，都时刻面临着不断产生的大批非结构化数据的信息获取、挖掘、存贮、处理与智慧应用的问题。

汪懋华说："因此，加快推进农业现代化与信息化的深度融合，将为建设现代农业，推进社会主义新农村建设，提高农民的社会经济地位，构建社会主义和谐社会和建设资源节约、环境友好的可持续农业提供重要科学技术支撑。"

郭晓鸣

现代农业要走混合型经营之路

> 中国现代农业的发展,不应该也不可能以农民这一职业的"消亡"为代价,农户经营与公司农业不应当是简单的竞争性对立关系,应该选择互补性的和合作性的发展模式。公司农业应该与农户经营有机对接,融合发展,强化其带动力。中国现代农业的未来发展,必然是一种混合型经营的发展态势。

* * *

当前中国农业发展面临两个宏观性背景,一是开放性扩大所带来的外部竞争不断加剧,二是需求结构变化导致农产品供求矛盾以新的形式加剧。由此导致中国农业发展出现三大变化:第一是农民内部分化进一步加深,第二是农产品生产的专业化和优质化趋于加强,第三是农业产业链表现为整链扩张的发展态势。

在此背景下,我国小农户经营的不适应性愈加暴露,改变农业经营方式的需求进一步加强。从现实看,这种改变从两个方向展开:

一方面是农民自我调节的应对,主要通过扩大生产规模,采取集体行动的合作方式,克服小规模农业经营的局限性。现实中,专业大户、家庭农场和农民合作组织的发展总体迟缓,其产业扩张能力和带动能力明显不足。

另一方面是基于利益驱动的城市工商资本大举进入农业,所形成的公司农业模式以更快的速度扩张。但是,作为外部经营主体的农业进入者,公司农业大多表现出很强的短期化趋向。

并因此引发出两个方面的潜在风险,即非农化和非粮化。公司农业基于降低经营成本而与农户形成的利益竞争关系,可能让农民因沦为农业产业工人而影响农民收入的稳定性,农民难以分享产业转换和升级所增长的利益。

国际经验证明,任何一个国家和地区,农业的稳定性发展以公司农业为支撑是困难的和不可靠的,农业的稳定发展必须建立在以农业为终生职业、以乡村社会网络为基本生存空间的人群和群体的基础之上。

总体上,中国现代农业的发展,不应该也不可能以农民这一职业的"消亡"为代价,农户经营与公司农业不应当是简单的竞争性对立关系,应该选择互补性的和合作性的发展模式。公司农业应该与农户经营有机对接,融合发展,强化其带动力。

中国现代农业的未来发展,必然是一种混合型经营的发展态势。简单排斥公司农业进入十分困难,公司农业的有选择发展将是一个不可逆转的趋势。关键是选择何种发展路径,如何在公司农业的发展中有效保障农民的利益。就现实看,如下几个方面的政策选择十分关键。

第一是尽快建立农业法人制度,明确工商资本进入农业的准入门槛和运行规范。第二是强化政策的导向功能,引导公司农业和农户家庭各自选择与之适应的发展空间,形成互补式发展的产业机制。第三是深化农业产权制度改革,为农户与公司农业建立更清晰和更稳定的利益联结方式奠定制度基础。第四是强化外部性社会化服务体系,除了专业化的农业机械和病虫防治等服务外,更重要的是强化金融和保险服务。

钟 凯

拒绝杯弓蛇影　科学看待食品安全

> 食品安全做不到"零风险"。食品中存在有害因素并不可怕，因为它们本来就不可避免。人们应该做的是，通过各种手段减少这些有害物质在食品中的含量，将它们带来的风险降低到一个可接受的水平。然而，虽然"零风险"不现实，"零容忍"却是能做到的。

* * *

2014年夏季，"福喜肉"和转基因大米重击中国人的心，对食品安全的忧虑卷土重来，人们不能不担心舌尖上到底有没有保障以及有多少保障。为什么近年来食品安全事件"越来越多"？对此，国家食品安全风险评估中心副研究员钟凯从两个方面作了解释。

一方面，为吸引大家的眼球，有一些以宣传食品安全为噱头的媒体将一些不属于或者没有健康风险的现象渲染成了食品安全事件，不时出现无中生有或者将事实夸大的假象造成一些食品安全事件，较为突出的包括"赛百味有鞋底成分"、白面经染色制成小米面馒头的上海"染色馒头"事件和马肉掺入牛肉的欧洲"马肉事件"等。

另一方面，随着科学技术的发展，目前食品中发现的新成分越来越多，而且仪器分离灵敏度和检测灵敏度不断提高，使得越来越多的以往人们不熟悉或者传统技术检测不出来的物质被发现和被检测出来，如果发现的这些新物质配合上不正确的宣传，也会使得大家感觉不时出现食品安全事件。

钟凯建议，应以科学的态度来看待食品安全问题，不要杯弓蛇影。

面对各种毒害食品，人们呼吁生产者的良心和监管者的决心，希望他们能保证食品绝对无风险。然而，钟凯说，食品安全做不到"零风险"。食品中存在有害因素并不可怕，因为它们本来就不可避免。人们应该做的是通过各种手段减少这些有害物质在食品中的含量，将它们带来的风险降低到一个可接受的水平。

另外，虽然"零风险"不现实，"零容忍"却是能做到的。假如有企业不遵守食品安全标准，在食品生产过程中超量或超范围使用添加剂，那么不管这样的食品会不会给消费者健康造成损害，政府部门都应加以惩处。

钟凯说，当前我国食品安全的基础仍然薄弱，制约食品安全的深层次问题尚未得到根本解决。食品安全工作的难点一是名目繁多的食品种类、数量庞大的食品生产经营者、规模惊人的食品供应总量都有可能出现食品安全的隐患点；二是食品安全涉及千家万户，问题食品销售到哪里，消费者的不满就出现在哪里，往往是不同地区、不同群体"一哄而起"，一些事件的影响还迅速波及境外；三是食品安全问题不仅是民生问题，也是经济问题、社会问题，应对食品安全的新课题，对政府及其职能部门来讲，是一个严峻的挑战。

我国当前的食品安全总体形势的官方口径是"总体向好，问题仍然存在"。问题在哪儿呢？其实说得最多的还是社会经济发展阶段伴随而来的食品生产"小、散、乱"问题，所以政府在个别食品行业强力推动并购、重组，但集约化、规模化未必能解决所有问题。

郭孔丰

中国应大力扶持粮食加工业

> 做大做强粮食加工业是维护中国粮食安全的重要保障。政府应更加重视粮食加工行业，建立起以市场机制为主导的粮食安全体系，通过大力扶植粮食加工企业，搞活粮食生产和流通。粮食产业发展应符合市场规律，政府应该允许粮食产业发展加工业务，取消对外资的限制。

* * *

"做大做强粮食加工业是维护中国粮食安全的重要保障。"11月7日，在2014中国粮食与食品安全战略峰会上，益海嘉里集团董事长郭孔丰建议，中国政府应该更加重视粮食加工行业，建立起以市场机制为主导的粮食安全体系，通过大力扶植粮食加工企业，搞活粮食生产和流通。

"政府应该鼓励粮食加工业做强做大，因为它们有更高的食品安全生产标准，会更高效，对国家更有益。"郭孔丰称。

粮食深加工可以实现粮食的价值增值。"以大米加工为例，一个加工厂可以将稻壳燃烧发电、米糠压榨后榨取稻米油，而且稻壳可以提炼30多种附加产品。"郭孔丰称，如果中国生产的2亿吨水稻按照这种循环模式加工的话，不仅可以增值1000亿～2000亿元，而且每年可以节约2000多吨煤炭，减少30万吨碳排放。

郭孔丰认为，要推进粮食深加工的进一步发展，政府应该更加重视粮食加工龙头企业的作用。待粮食加工整个产业都相对成熟以后，可以带动粮食种植良性发展，保障终端市场的价格稳定、质量安全和数量充足。政府也可以借此释放自己的负担，真正建立起以市场机制为主导的粮食安全体系。

郭孔丰认为，目前中国的粮食流通领域有待完善，不完善的粮食流通领域不仅影响行业的正常发展，也影响国家的粮食安全。

"为了保护农民的种粮积极性，政府取代企业角色，大规模进入粮食流通市场，把大量的粮食高价收到国家储备库，庞大的库存不仅消耗了大量的财政资源，也影响了市场正常的流通，并且进一步影响了加工企业的健康发展。"郭孔丰认为，如此下去就会形成一个恶性循环，导致更严重的问题出现。比如加工企业原料供应不足，被迫停工。郭孔丰介绍称，2013年在东北，加工企业按照惯例计划在6个月内收购全年的原料，不过因为政府介入，在一到两个月就收完了所有粮食，导致东北地区80%的米厂停工，大量原料进入到储备库，而国家则需要每年支付数千亿资金用于粮食采购、技术和保管等费用。"新粮要在储备库储存1~3年才会投入市场，消费者不仅吃不到新鲜的大米，还引发了陈粮问题、质量问题，也使得我国粮食价格高于其他国家，使得大量国外粮食进入到中国。"郭孔丰认为，这显然不符合政府的初衷。

"粮食产业发展应符合市场规律，政府应该允许粮食产业发展加工业务，取消对外资的限制。"郭孔丰认为，中国的小麦加工产能已经过剩，其工厂生产工艺和设备已经达到国际水平，产品完全可以供应给周边国家和地区。但目前中国的小麦进口和面粉出口都实行配额管理，这会限制粮食加工业的发展。

刘永好

市场倒逼现代农业转型

> 农业发展的转变现在正在进行并且还会加速,这是因为市场的倒逼。这意味着,农业种植和养殖的规模都一定要扩大,不扩大收入不可能提升。不过,单价的提升又受国际农产品价格的制约,在市场逐渐开放的格局下,天花板效应日益明显。解决的办法只能是依靠规模扩大。

* * *

2014年12月14日,在三亚财经国际论坛上,新希望董事长刘永好表示,农业领域的新常态有4点,现代农业的瓶颈之一是缺乏规模。在市场的倒逼下,农业发展的转型现在正在进行并且还会加速。

刘永好认为,现在农业的新常态表现有4点:第一,农产品供给问题已经基本解决,但这只是量的基本解决,农产品的质量、品种和周期性的波动问题,目前仍然存在;第二,大量农民进城后,农业领域的规模化种植、养殖正在进行;第三,现在农民收入低于城镇居民收入,这种格局需要得到尽快改善;第四,农产品不管是粮食还是肉蛋奶,基础农产品的价格远远超过国际市场。

这是因为农业生产规模和生产体系的格局正在发生迅速的变化,从传统农业向现代农业的转型也正在进行。核心就在于通过土地流转使得单户耕种面积扩大、提高效率。

如何看待未来农业发展方式的转变?刘永好认为:农业发展的转变现在正在进行并且还会加速,这是因为市场的倒逼。这主要在于农民进城务工年收入达到三四万元呈现常态。这意味着,农业种植和养殖的规模都一定要扩大，不扩大收入不可能提升。

不过，单价的提升又受国际农产品价格的制约，在市场逐渐开放的格局下，天花板效应日益明显。解决的办法只能是依靠规模扩大。因此，现代农业的发展成为可能。现代农业的瓶颈之一就是缺乏规模。

有言论称，农业规模化后，接连出现食品安全问题，过去并没有出现这种情况。因此有人主张，小农经济在保证食品安全方面有存在价值。

针对这一问题，刘永好提出：要保证食品安全，只有在规模化、现代化背景下，才能更容易做到。当规模小、分散的时候，只靠自觉是不行的。另外，其从业人员的素质、能力和条件达不到。

实际上，在国外也有食品安全问题，只是发达国家的食品安全问题少一些。原因就在于国外的规模化和现代化做得更好，监控体系更到位。这使得他们违反法律的成本更高。

并不能说越分散越小农，食品安全问题越有保证。只不过，以前并不清晰而已。有机农业虽然日益受到推崇，但是食品安全所需要的道德自觉跟规模化并不直接挂钩，不是说规模扩大了，道德自觉就少了。

对于中国在粮食连续增产的同时，还大量进口这一情况，刘永好认为，中国应该将粮食分为口粮和非口粮。口粮指大米和小麦。其他如玉米、大豆、高粱等都是非口粮。要破局现代农业，就要求制定更为明确的政策。原则是：坚决保证口粮供给；对口粮增加补贴，增加支持的力度；适度减少对非口粮的补贴和收储，适度地、逐步地放开非口粮，腾出资金拿来补贴口粮。

然后，政府对口粮的生产、加工、储运等方面应给予更多的关注、支持，以确保口粮的绝对安全。把非口粮适度放开，根据国际的调节有进有出，增加农民的选择。

邓华凤

超级稻研发　高产优质还要"广适"

> 每个品种都不是"十全十美",都有一定的适应性、区域性,而且一些品种推广使用很多年有可能就会老化、退化。因此,在一些广适性新品种没有研发出来之前,有些独特性的品种还是要推广、使用,但在推广使用时要注意它的特殊性和区域性,避免问题特别是大问题的出现。

＊＊＊

2015年4月,湖南省农科院组织专家座谈,探讨超级稻研究与发展。

湖南杂交水稻研究中心常务副主任、著名育种专家邓华凤认为,品种的研发、审定、推广、退出要本着遵循科学、实事求是的态度,这就牵涉三个层面的问题:涉事品种是退出还是继续使用?有没有品种可以替代?如何研发具有广适性更好的新品种?

邓华凤认为,每个品种都不是"十全十美",都有一定的适应性、区域性,而且一些品种推广使用很多年有可能就会老化、退化。近期引起关注的水稻品种"两优0293"虽然说不是广适性品种,但在刚育成时是个很好的品种。但由于已经使用了十多年,时间一长,病虫也会适应它,抗性也会有变化。因此,在一些广适性新品种没有研发出来之前,有些独特性的品种还是要推广、使用,但在推广、使用时要注意它的特殊性和区域性,避免问题特别是大问题的出现。

"品种审定没有使用'年限'之说,法律上没有规定所谓的品种'退休期',但如果审定的品种如出现重大缺陷,不受市场欢迎,推广面积很少,可以按程序退出,但品种淘汰需要一种过程。"邓华凤认为。

进入新时期，消费者更加注重品质、注重健康，新品种的研发如何适应新需求？邓华凤认为，"十三五"也就是第五期攻关，新品种的研发要坚持五个方向：第一个方向，从保障粮食安全、养活13亿人口的角度来说，我们国家首先要坚持高产的方向；第二个方向，随着现在国力增强了、人们生活水平提高了，超级稻必须要优质，但要在高产的基础上追求优质，从目前掌握的研发技术来看，高产和优质不仅不矛盾，而且可以融合在一起，已经研发的第三期、第四期超级稻米质都很好，都可以达到国家三级甚至二级优质米的标准；第三个方向，新品种研发要适应气候的变化，现在极端高温、低温等灾害性天气频现，因此一定要研究广适性的品种，提高它的耐热、抗低温、抗病虫品性，品种抗性好了，农药使用量少了，卫生品质也高了，这样的优质品种一直是育种科研单位及育种专家研发的方向，而且在审定的时候实行一票否决，对稻瘟病超过七级的品种，即使产量再高也不予以审定通过，所以，现阶段研发的品种比以前更好，适应性更广；第四个方向，要适应农业转型发展的需求，多研发一些适应机械化、适应直播等降低劳动力成本、提高生产率等"高效"农业的品种；第五个方向，要适应构建生态环境的需求，如能应对重金属污染，如研发镉低积累、低吸附的品种。

湖南省农科院党委书记柏连阳教授说，在超级稻的研发培育上，要不断创新、不断进步，尽可能满足全方面的需求，将高产、多抗、广适等性状结合起来，在高产的基础上，兼顾品种的抗性、适应性的生态加压筛选，使培育的新品种具有广泛的生态适应性。

| 毛长青

规模经营投资倍增　农业保险体系须跟上

在家庭农场、合作社等新型农业经营主体大量涌现的情况下，我国农业生产正向适度规模经营转变，投资额度倍增，经营规模更大，面临的风险更高，对农业自然灾害的风险保障需求也必然更加强烈。农业保险作为专业化、市场化的农业灾害风险管理机制，如何进一步创新和完善就显得特别重要。

* * *

在土地适度规模经营，家庭农场、合作社等新型农业经营主体大量涌现的情况下，我国农业生产正向适度规模经营转变，投资额度倍增，经营规模更大，面临的风险更高，对农业自然灾害的风险保障需求也必然更加强烈。

如何切实有效地提高农业经营主体在灾害条件下的持续生产积极性、杜绝农业生产经营者"因灾返贫"、维护农村和农业经济的稳定发展是全面建成小康社会的必要条件。农业保险作为专业化、市场化的农业灾害风险管理机制，如何进一步创新和完善就显得特别重要。

由于历史原因，我国农业保险仍处于起步阶段，从覆盖范围、补偿率以及运营机制上看，问题较为突出：一是保额不足、补偿率低，据统计，2014年全国农作物受灾面积达2489万公顷，直接经济损失3373.8亿元，通过农业保险赔偿214.6亿元，仅占国家农作物受灾损失总额的6.36%；二是政府补贴不足，政府财政对农业保险提供尽可能多的补贴是世界惯例，在我国中西部经济欠发达地区，农民收入水平低、保险欲望更低，政府补贴不足必然造成应保未保等情况出现；三是巨灾风险分散机制缺失，保险公司无法分散商业风险，巨灾保险理赔得不到有效保障，直保公司和保险人的风险敞口无限放大。

因此，我国急需建立财政支持下多主体经营、多层次覆盖、多渠道支持的农业保险体系。

一是建立全国统一的政策性业务商业化运行模式，遵循"政府财政支持、保险公司承保、第三方介入"的原则，加大中央财政补贴支持力度，减少地方和基层政府对农业保险的介入程度，规范农业保险商业化运作体系，引入第三方介入保险代理和公估，建立政策性业务商业化运行模式。将政策性的农业保险落到实处，消除一些地方存在的"保险与农户没关系、定损与灾害没关系、参加保险的农作物与补贴品种没关系"的现象。

二是加大农业保险覆盖范围、提高保额标准和赔偿水平。参照西方国家成功经验，将原有的低层次物化成本保险向产量保险和收入保险改进，实现农业自然灾害保险范围全覆盖，提高保额标准和赔偿水平，保障农民再生产能力。针对自然灾害频发的区域，应考虑出台支持性政策，鼓励多家直保公司实施联合承保。

三是农业保险应考虑设置巨灾救助基金，通过在国家层面设立救助基金，对受灾农业经营主体除保险公司进行理赔之外，动用基金对受灾严重的农业经营主体予以额外救助。

四是建议政府出台农业再保险法，规范再保险分保业务开展和再保险比例；建议中国再保险公司成立专门的农业再保险公司，发挥统筹优势，深入开展跨区域风险数据积累与研究，开展全国性的农业再保险业务，在向农业直保公司提供业务支持的同时，与境内外再保险公司一道对农业直保公司实施强制性分保。

瞿长福

农业品牌培育没有捷径可走

> 农业品牌是发展现代农业的必然要求，没有强大而广泛的农业品牌，就没有强大的现代农业。但是，农业品牌有自己成长的逻辑，只能尊重、利用这一逻辑，不能改变甚至破坏这一逻辑。同样，农业品牌培育也没有捷径可走。否则，贪大、求快，都会适得其反，欲速则不达。

* * *

近两年，各地打造农业品牌的热情很高，不少地方还提出了具体的品牌发展目标，要求一至几年内培育多少个地方性或者全国性知名品牌等。这些举措，对尽快改变我国农业品牌滞后、影响力不大的状况很有必要。不过，农业品牌形成与发展有其自身的特点和规律，如果简单地把培育品牌理解为几年内在数量上达到怎样的规模，会使农业品牌受到伤害，欲速则不达。

从实践来看，与这种指标式品牌发展思路互为应和的做法，目前主要是贪大和求快。

贪大，几乎成了现在品牌培育中的一大通病，只要品牌有了些名气，产品稍稍好卖点，就一味追求覆盖率、占有率，恨不能一品盖天下，赚尽市场钱。前不久媒体披露的东北某知名大米产地，从外地拉进大米加工成"混合米"，然后以当地大米品牌统一对外出售，使当地大米品牌信誉度大打折扣。

这种兑水放大品牌产品的做法不止发生在一地两地。

但是，天下没有不透风的墙，兑水膨胀的品牌产品早晚会在市场露馅。

更为重要的是,品牌农产品会以品质的变化、口感的差异沉默地告诉消费者真相。农业品牌产品不同于一般工业品牌产品,很难贴牌加工生产。受制于地理环境、气候干湿、日光温差等影响,农产品有地理标志产品之别,某种产品产能规模就只能这么大,再大了就不是这种产品了。即便相同的地理条件,对早晚温度把握不同,也会带来产品的口感甚至品质差异。盲目贪大的做法无法顾及这些特征,最终会导致品质下降,品牌受损,一些曾经的名牌消失,原因莫过于此。

求快,同样会对农业品牌造成伤害。一些地方为了加快品牌培育进程,往往首先在扩大产品规模上下功夫,有的甚至会采取行政动员或者命令方式要求大面积、大规模种养某种产品,打造大型示范园、产业带或者专业地名,追求一夜成名。由于忽视了农产品内在特性,加上信息失衡失真,可能好几个地方都在打造同一产品品牌,不仅品牌没有形成,同类产品大量集中上市还会带来"卖难"。此外,还有一些地方热衷于所谓品牌策划,或者制造"噱头"让产品露脸。农业品牌当然需要某种上市契机,有时候也需要"卖点"甚至"爆点",但鉴于农产品本身的周期性、地域性以及品种更新换代等要求,应更多地保持产品品质的连续性,而不是制造"爆点"。

农业品牌是发展现代农业的必然要求,没有强大而广泛的农业品牌,就没有强大的现代农业。但是,农业品牌有自己成长的逻辑,只能尊重、利用这一逻辑,不能改变甚至破坏这一逻辑。

同样,农业品牌培育也没有捷径可走。

政府部门积极倡导农业品牌战略,有利于营造农业品牌的良好氛围,使品牌成长少走弯路,但这种引导、支持、扶持不是包办替代,农业品牌培育只能以农业企业、农产品行业协会、家庭农场等经营主体为主。

贺雪峰

别给"粮财倒挂"乱开药方

> 导致"粮财倒挂"的原因之一是取消了农业税。正因如此,国家最近几年向产粮大县增加了财政转移支付,这些转移支付主要用于提高粮食生产能力。但不能只用于发展以工商资本为主的规模经营上,而应主要用于改善一般农户生产条件,使其获得更便利的农业生产条件,从农业中获得更多收益。

* * *

据某研究机构2015年公布的调研报告,我国800个产粮大县中有105个是国家级贫困县,贫困人口达3600万。这种粮食产量与县级财力"倒挂"的现象引起很多人关注。

实际上,"粮财倒挂"现象并不让人吃惊。产粮大县的重要特点之一就是农民人均耕地较多、农业生产条件较好。从粮食生产角度来讲,这是好事,尤其在商品粮生产上更是好事。但农业生产条件好的地区往往地处偏远、开发相对滞后。而一旦缺乏区位优势,工商业发展就慢,来自工商业的税收就少。取消农业税后,国家也不再从农民那里收取农业税费。因此,产粮大县既缺少来自工商业的税收,又缺少来自农业的税收,财政当然就穷了。

这份有关"粮财倒挂"的报告一经公布,网上便有人借机指责农民没有得到公平对待。这里面暗含的误解必须予以澄清。产粮大县成财政穷县并不意味着当地农民收入就低。就全国而言,农民家庭普遍形成"以代际分工为基础的半工半耕"家计模式,农民家庭收入来自年轻子女进城务工所获收入和中老年父母留村务农所获收入两部分。就产粮大县来说，因人均耕地较多，农民家庭来自农业的收入相对较高，这在减小家庭成员外出务工压力的同时，也保证了家庭总的收入。即便总收入并不明显高于其他地区农村家庭，但也有个明显好处，就是家人不必四处奔走讨生活，家庭生活更完整。

要改变"粮财倒挂"问题，很多人提出的建议是推进工业化和城市化。

但问题是，工业化和城市化有其内在规律，过分人为推进往往适得其反，不仅财政能力没有增强，反有可能影响地方经济基本稳定。或者说，某个地区工业化和城市化的推进，与其是否是粮食生产大县关系不大，而是更多取决于其区位。

有关解决"粮财倒挂"的另一个建议是尽快推进农业现代化，以让农民获得适当程度解放，有更多精力发展副业。产粮大县是中国粮食安全的基础，也确实是农业现代化的重点所在。一直以来，国家各种农业现代化建设项目都是重点投向产粮大县，当地政府也在积极推进农业现代化步骤。问题在于，当前地方理解的农业现代化往往是以公司经营为基础的规模经营、支农资金重点投向下乡与农民争田争利的农业公司。对此我们须搞清楚，农业现代化不是要将农民排斥出去的现代化，而应是为了农民的现代化。

如上所述，导致"粮财倒挂"的原因之一是取消了农业税。正因如此，国家最近几年向产粮大县增加了财政转移支付，这些转移支付主要用于提高粮食生产能力。这点本无问题，但笔者认为，这些转移支付还应适当用于弥补当地一般财政支出缺口。同时地方政府也要注意，国家提高粮食生产能力建设的转移支付不能只用于发展以工商资本为主的规模经营上，而应主要用于改善一般农户生产条件，使其获得更便利的农业生产条件，从农业中获得更多收益。

乔金亮

让产粮大县不再为"要钱""要粮"纠结

> "粮财倒挂"并非绝对。如何既发挥种粮比较优势，担起保障国家粮食安全的责任，也让地方财政逐渐摆脱"种粮受穷、农民不富"的窘境？这就需要产粮大县立足资源优势，吃透政策，摸清市场，依托粮食谋发展，把产粮与富县画起等号。这样，越来越多的产粮大县才不会为"要粮"还是"要钱"而纠结。

* * *

2015年9月，有研究机构称，占全国粮食总产量近3/4的800个产粮大县中，国家级贫困县超过百个，贫困人口达3600万。这表明我国粮食产量与县级财力"粮财倒挂"现象已很明显，并可能给粮食安全带来隐患。

按照我国粮食区域布局，粮食产量和调出量已逐渐向主产区和产粮大县集中。目前13个主产省的粮食产量占全国的75%，调出量占90%，33个产粮大市产量占全国的43%。但是，作为粮食主产区的市县，在财政收入上却总体偏小，主产区农民与主销区农民收入差距也呈扩大趋势，一些市县连承担中央农业项目配套资金都很困难。

粮食安全绝不能以牺牲主产区为代价，确保粮食产能，就要更多地调动地方政府的积极性。近年来，中央已逐步采取措施改变这一状况。2014年，中央一号文件提出降低或取消产粮大县直接用于粮食生产等建设项目的资金配套；同时，国家增加了对商品粮生产大省和产粮生产大县的奖励补助，鼓励主销区通过多种方式到主产区投资建设粮食生产基地；许多地方在支持产粮大县农田水利等基础设施中也出台了不少政策措施。

但是，要从根本上解决这一问题，还需从粮食主产区利益补偿机制等方面着手。一方面，粮食生产具有明显的正外部性。相对其他商品，粮食生产占用水土资源多，价格却偏低，国家对耕地用途控制严格，产粮大县其他方面的建设发展就会受限。另一方面，粮食主销区和消费者从中获益但并未支付相应成本，粮食主产区和农民却因粮食生产损失了一部分发展权益，因此有必要建立粮食主产区利益补偿机制，通过补偿机制提高主产区经济社会发展水平，提高农民的种粮积极性。

利益补偿机制的建立一方面要靠中央，一方面也要靠主销区。近年来，中央财政已经加大对主产县的转移支付，强化主产区农业基础设施建设。但不少主销区还存在放松粮食生产、忽视粮食流通、过度依靠中央和主产区的现象。今后利益补偿要在联结主产区与主销区利益方面寻求突破。一方面，通过完善粮食市场价格形成机制，适当提高粮食收购价格。另一方面，通过产销合作，鼓励主销区在主产区收购、储藏或代收、代储，建立更紧密的产销关系，让粮食生产者分享加工、销售的收益。

对产粮大县自身来说，解决"粮财倒挂"还需要其发挥主观能动性，把政策优势转化成发展红利，将资源优势转化成产业优势。从实践来看，有许多产粮大县如江西南昌县、湖南长沙县等，不仅粮食产量上去了，也成了经济强县、财政强县。

可见"粮财倒挂"并非绝对。如何既发挥种粮比较优势，担起保障国家粮食安全的责任，也让地方财政逐渐摆脱"种粮受穷、农民不富"的窘境？这就需要产粮大县立足资源优势，吃透政策，摸清市场，依托粮食谋发展，把产粮与富县画起等号。这样，越来越多的产粮大县才不会为"要粮"还是"要钱"而纠结。

高海燕

"互联网+农业"是风口更是长征

> "互联网+农业"不是靠情绪和投机就能做成的,更需要理性、建设性和坚韧性,因为这不是一个风口,更是一次"长征"。这次"长征"需要四渡赤水,也需要飞夺泸定桥,会遭遇湘江战役,也要过雪山草地。这个领域的尝试者越来越多,牺牲者也会越来越多,但一旦获得突破,市场前景将异常广阔。

* * *

2015年9月,一亩田集团副总裁兼研究院院长高海燕应邀参加某高峰论坛,并作了名为《互联网+农业:一亩田的探索和想象》的主题演讲,分享了作为互联网公司的一亩田四年来在农业领域的实践和感受。

高海燕在演讲中指出,国内九成农业电商处于亏损状态,说明了中国农业的巨大复杂性和新兴机会性并存。"互联网+农业"不仅仅是一个大风口,更是一场需要业界同行长期探索的"长征"。

据高海燕透露,2011年一亩田刚创办时,"互联网+农业"并非热门领域,甚至"连风都没有"。直到今天,"互联网+农业"被越来越多的人关注和看好,但多数人依然忽略了这个领域的复杂性和阶段性。

"'互联网+农业'不是靠情绪和投机就能做成的,更需要理性、建设性和坚韧性,因为这不是一个风口,更是一次'长征'。这次'长征'需要四渡赤水,也需要飞夺泸定桥,会遭遇湘江战役,也要过雪山草地。"高海燕认为,这个领域的尝试者越来越多,牺牲者也会越来越多,但一旦获得突破,市场前景将异常广阔。

在高海燕看来,"互联网+农业"的现状也是中国最传统产业、最传统市场与现代技术融合的一个缩影。作为互联网农业的先行者,一亩田在创办之初的4年间,遭遇了产业融合带来的各类艰难挑战,由此也在不断进行变化和调整。"一亩田获得的经验和遇到的挑战,是一个先行者遇到的挑战和获得的经验,也是互联网加农业必然会遇到的挑战和获得的经验。无论会遇到多少挑战,一亩田用互联网和新技术手段参与和改变农业的目标不会改变。"高海燕认为,相比其他行业,农业领域存在更明显的信息不对称问题,信息短缺是农产品流通领域最大短板。即便5公里之内,就可能存在农产品交易的信息不对称。

在高海燕看来,信息对称的意义和价值谁都明白,但做好农业领域的信息对称却并不容易。"简单的供需信息不叫信息服务,提供高效率低成本的精准信息服务才叫真正信息对称,简单的信息提供不叫信息服务,能形成综合解决方案的信息体系服务才叫信息服务。这也是一亩田四年创业的深切体会。"高海燕也指出,无论人们怎么看今天的"互联网+农业",尤其是农业电商的发展水平,但农业电商在某种程度上首先调整了传统农业的流通交易顺序就已经是一次革命。传统农产品交易是先有物流后有信息流,随着互联网手段和电商企业的加入,农产品供求交易先在网上形成信息流,然后才产生物流,与传统产品交易相比其顺序刚好相反。

"互联网或者电子商务对传统农产品交易的介入,哪怕只做了这一步,也极大提升了中国农产品的流通效率。互联网对农业的介入并不一定能马上带来所谓颠覆性的革命,但每一小步,对未来都是一大步。"高海燕表示。

穆彦魁

粮食流通政策应重视加工环节

> 政策的调整势必给相关利益方带来阵痛，但是改革是大势所趋，政府应该改进对农民的补贴方式，既要通过补贴保护农民，粮价又要让市场说了算。要走活目前粮食流通困境这盘棋，首先要考虑的是如何消化现有存粮。补贴粮食加工企业、鼓励企业把存粮转化为深加工产品是个多赢的办法。

* * *

粮油企业的寒冬已经来临，连行业大佬益海嘉里都感受到了阵阵凉意。"当前粮食价格的下跌具有必然性。"益海嘉里集团首席运营官穆彦魁认为，深度调整的经济周期导致包括粮食在内的大宗产品需求衰退，价格下滑，这是全球经济调整的必然结果，但中国的粮食流通体制有其特殊性，政府为了增加农民收入，连年高价托市收购，这种政策的弊端日趋明显，粮食库存畸高、财政负担巨大，政府势必要作出相应调整。

对此，外界关心的是：一方面，市场化改革不可能一蹴而就；另一方面，市场环境仍寒气逼人。以益海嘉里为代表的大型粮油企业既承受来自粮食加工陷入亏损的压力，又要应对食用油市场竞争加剧的挑战，他们希望粮食流通体制改革能改变目前的市场窘境。

2015年秋季，粮食主产区的玉米、小麦价格均出现不同程度的下跌。而像益海嘉里这一类大型粮油企业，一方面在粮食加工环节亏钱，一方面还要面临食用油主业市场变化的压力。如今，市场规模停滞、品牌林立、竞争激烈也是国内食用油市场的真实写照。

在穆彦魁看来，中国农业和粮油产业的市场化才刚刚起步，空间极大，中国粮食加工行业还处在比较落后的状况，价格机制还没有完全符合市场经济的要求。

对于政府通过托市保护农民利益的政策逻辑，穆彦魁表示理解。他认为，几十年来，"保证老百姓吃饱"是政府的首要任务，长期统购统销形成的管制思维很难一下彻底破除，这也是中国粮食市场放开晚、放开程度低、调控措施多的症结所在。

事实上政府也在不断试图对粮食流通体制进行尝试性改革，先是在大豆和棉花两个品种上实施目标价格补贴试点，2015年9月份又宣布下调玉米收储价格，10月份又宣布2016年的小麦收储价格维持原来水平。

"政策的调整势必给相关利益方带来'阵痛'，但是改革是大势所趋，政府应该改进对农民的补贴方式，既要通过补贴保护农民，粮价又要让市场说了算。"穆彦魁还建议，要走活目前粮食流通困境这盘棋，首先要考虑的是如何消化现有存粮。补贴粮食加工企业、鼓励企业把存粮转化为深加工产品是个多赢的办法。

以玉米为例，穆彦魁认为，如果国家能给玉米加工企业一定补贴，利用现成的设备和技术，把库存玉米转化为淀粉糖，既能替代相当数量的进口蔗糖，又能减轻玉米库存压力，还能让玉米加工企业盘活经营，可谓一举多得。

穆彦魁还建议，粮食流通政策不应该把着眼点放在收储环节，而应该重视加工环节。与国外相比，我国农产品增值不是很高。比如，黑龙江耕地面积是日本的5倍，但粮食加工增值只有日本的1/5，造成这种现象的原因是日本农产品加工业很发达，产业链很长。所以必须鼓励农产品加工企业发挥龙头带动作用，农产品增值越高，农民增收越有保障。

刘 坚

吃饭问题就是粮食问题

> 粮食问题通常在两种情况下更被关注。第一是粮食紧缺时,这种情况下主流的声音是政府要加大对粮食生产、流通、仓储的支持率。第二种情况是在粮食出现阶段性过剩时,这个时候的主流声音是粮食应该面向市场。这种情况影响农民的生产积极性,影响政府对粮食政策的解决程度。

* * *

"解决吃饭问题就是粮食问题。"由于长期从事扶贫工作,国务院参事、中国国际扶贫中心理事长刘坚高度关注粮食问题,其曾进行过多次调研。在2015年12月5日举办的2015中国粮油财富论坛上,刘坚在致辞中表示:粮食问题始终是粮食系统、农业系统乃至党中央国务院高度关注的问题,在当前粮价低、粮食仓储压力大的情况下,举办本次论坛意义非凡。

刘坚表示:粮食问题通常在两种情况下更被关注。第一是粮食紧缺时,这种情况下主流的声音是政府要加大对粮食生产、流通、仓储的支持率。第二种情况是在粮食出现阶段性过剩时,这个时候的主流声音是粮食应该面向市场。这种情况影响农民的生产积极性,影响政府对粮食政策的解决程度。

近年来,中国的粮食连续增产,为社会发展作出了很大的贡献。目前出现粮价走低、农民增收压力大的情况。这种情况下,2015年11月11日,李克强总理组织了国务院常务会议,明确提出稳定粮食生产、增加种粮收入的五项措施。这表明政府在调控粮食生产上的措施更加成熟。粮食多了,仓储压力大了，政府依然要稳定粮食生产，增加农民收入。目前各地都在积极行动。

近几年，刘坚对粮食问题作了一些调研，在致辞中，他介绍了自己从调研中发现的一些问题。

第一，粮食的经济属性怎么定？粮食是商品，是特殊商品，而且有准公共产品的性质。基于此，政府要在生产流通上加大对粮食的扶持。

第二，粮食的生产流通，如何由被动调整转为主动调整？粮食既是一个商品，就有它的市场属性。刘坚认为目前国家在粮食问题的调控上处于比较被动的地位。一旦粮食多了，连年丰收后必然出现粮价下跌，国家储备要采取紧急措施。一旦粮食少了，政府又要马上召开紧急会议。他希望有更多专家来建言献策，将粮食调控由被动的应急调节变为主动调节。

第三，必须加大粮食生产仓储信息预测的准确性。目前世界上农产品的信息发布，世界粮农组织和美国农业部最具权威性。刘坚表示，如果我国的信息发布更加准确，那么所采取的措施会更加有效。

第四，必须推进完整的确保我国粮食安全的机制。刘坚在调研当中曾经提出过，要建设相对稳定的价格形成机制，才能调动农民种粮的积极性。这个价格形成机制怎么形成？应该是劳动加一定的利润。在黑龙江调研时，刘坚听取了一些地方政府包括粮食部门、农业部门的意见。有了稳定的价格形成机制，才能让种粮的农民、经营主体有其相对的侧重。要通过建立粮食主产区利益补偿机制，调动主产区政府抓粮积极性。还有就是储备机制，随着大量农民工进城，城镇化迅速发展对粮食总量的需求也在增加，因此建立完备的储备机制十分必要。

此外，刘坚还对土地流转非粮化现象、小规模土地经营的产量预期、农药化肥超量使用等问题发表了自己独到的见解。

王　强

粮食加工产业走出困境需依靠科技创新

> 加工企业要走出困境、拥有发展的后劲,就必须依靠科技创新。核心问题就是要解决产品的食用品质、营养品质、安全品质的问题,关键则在于过程控制,而加工过程是影响粮油食品品质的关键环节。此外,还要注重专业品种的选育,加强粮油营养与健康基础技术的研究。

* * *

粮油原料产品价格居高不下、原料品种专业化程度不高、高新技术应用水平低,面对这些现实,国内粮油加工产业要在困境中逆势迈进,离不开科技创新,在中国农业科学院农产品加工研究所副所长王强看来。

数据显示,2014年国内粮油加工业总产值为2.5万亿元,占农产品加工业总产值的13.5%。从小麦、水稻、玉米的情况看,其加工量占到总产量的80%以上,而油料加工量要远远超过总产量。

2015年,王强在第五届中国粮油财富论坛上表示,总体来看国内加工用粮仍需大量进口,其中以大豆、水稻、菜籽的进口量最多,形势严峻。国外粮油原料价格普遍低于国内价格,这令人担忧,也给国内粮油加工产业的发展带来非常不利的影响。

王强指出,国内粮油作物产出损失率平均在8%~10%,经济损失惊人,一年损失粮食的量超过湖北省粮食总产量。

"粮油作物产后损失主要是因为不能及时干燥而导致的。我们考察美国农业部ARS下面有一个实验室,发现美国花生从收获、干燥水平都是非常高的。而我国玉米、小麦、水稻干燥现代化水平都是不错的,但是油料花生、油菜包括马铃薯的储藏都是我们的薄弱环节。"王强介绍说。

据介绍,国内粮油深加工和副产物综合利用水平也亟待提高,2013年稻米、小麦、榨油饼粕以及玉米加工副产物已分别达4086万吨、3044万吨、6982万吨、1175万吨,综合利用副产物产量很高,比如榨油的饼粕,真正用作食品深加工的比重非常少。

王强介绍说,以小麦副产物利用的情况看,占到小麦籽粒12%～17%的麸皮真正用到食品的不多。而麸皮价格的变动,会给面粉加工企业的效益带来很大的影响,搞综合利用和深加工,除了可以使资源得到很好的利用,对加工企业的效益也可以得到很好的改观。

据了解,国内粮油加工产业的质量和安全现状也不容乐观,从粮油产品质量来看,存在大米过精、面粉过白、油色过浅等食用品质差的问题,过度加工的"精米白面"造成了营养损失,长期摄入易导致慢性疾病的发生。

"食用品质差之外,粮油产品安全品质的形势依然严峻,国内部分地区花生、玉米中黄曲霉毒素比较重,各主产省产后花生黄曲霉毒素检出率最高的是湖北省,达81.7%;其次是福建省,达62.9%,如此导致每年出口欧盟的花生产品,都会因为黄曲霉超标会被打回。"王强表示。

据介绍,相比国内尚在困境中的粮油加工业,国外粮油加工产业的现代化水平已经非常高,逐步实现了原料品种专用化,高新技术产业化,生产能力规模化,产品方便化、功能化,物流专业化、信息化,质量控制标准化,产价销一体化,资源利用高效化。

美国玉米按加工用途不同分为高淀粉型、高蛋白型、食用型等品种;荷兰马铃薯根据加工需要分为油炸型、淀粉型、全粉型和药用型等专用品种;西班牙为了满足柑橘罐头生产的需求,建立了罐头专用柑橘的生产基地。

杨宝龙

跨界粮企正异军突起　传统粮油领域要痛定思痛

　　在事关"舌尖"这个全新领域，现如今已然成为许多企业巨头青睐的对象。在过去与粮油无关的大型企业最近几年纷纷涉足粮油领域，由于这些大型企业资本充裕，销售体系完备，往往一开局就能迅速占领市场。粮油人要痛定思痛，深刻反思。之所以跨界企业突然到来，和我们的不强大有直接的关系。

* * *

　　在2015年12月5日举行的2015中国粮油财富论坛上，九三粮油工业集团董事长杨宝龙提出：跨界企业异军突起、横空出世。很多跨粮油领域的其他业界巨头，都来到了粮油领域，我们欢迎这些跨界企业的到来。但这也给了我们一个启示，那就是粮油企业技术含量不高，市场化、资本化程度不够，跨界企业看到了传统粮油行业中的机会。所以，我们这些粮油领域的人，要痛定思痛，深刻反思。之所以跨界企业突然到来，和我们的不强大有直接的关系。

　　针对大型跨界企业进入粮油市场、竞争日趋激烈的情况，杨宝龙开出了自己的"药方"。杨宝龙认为，首先粮油企业要创新思维，粮油企业需要创新三种思维模式：市场化和营销思维、全球化思维、互联网思维。许多粮油企业的基因是农业，这就决定了许多企业不具备市场竞争的优势，缺少市场化思维和营销思维。而且在全球化信息浪潮袭来的时代，全球化思维也是粮油企业不可缺少的思维模式，要看到全球化给企业带来的巨大影响，而且中国早已加入世贸组织，不走全球化道路不行。信息化与工业化的融合又要求企业必须具备互联网思维，跨界企业之所以进入粮油行业，就是因为模式的颠覆可以实现攻城略地，拿下现有的粮油市场，这就是互联网思维的体现。

在思维转变的同时，企业战略一定要择机改变，特别是整个粮油行业都处在"寒冬"的情况下。杨宝龙强调，企业在具备三种创新思维之后，企业战略要做出由生产型向市场型转变，实业型向实业和资本并重型转变，区域性企业向全国性企业转变。杨宝龙判断，未来或三年或五年，在中国这样一个开放的背景之下，区域性的粮油企业、区域性的品牌很难生存。不是自己退出就是被并购掉。所以粮油企业一定要具备强烈的忧患意识。

在具备了创新思维，企业战略转变之后，企业要把管理行为变革作为最后的落脚点。杨宝龙指出，第一个方面就是要去"两化"，即国企要去"国有化"，民企要去"家族化"。国有企业要通过机制调整，通过产权改革，通过引进职业经理人，通过打造优秀企业文化，发掘新的潜力。民营企业要去"家族化"，"家族化"企业裙带关系严重，利益关系会羁绊企业的发展。民营企业去"家族化"，要引进职业经理人团队。第二个方面是管理行为创新。一定要消灭个人英雄主义。许多企业发展过程中，企业领导人的个人视野、思维、国际化程度不能与之匹配。因此，要消灭个人英雄主义，打造精英团队管理模式。第三个方面要建立优秀健康的文化。企业文化是一个企业的灵魂，是企业所有员工和管理层共同的价值观和行为准则。文化管理上升到企业管理，是一个更高层次。

杨宝龙表示："粮油企业无论是从思想创新、战略调整，还是管理行为、变革等各方面，都要和低迷的行业形势相匹配，只有这样所有的粮油加工企业，才能够在这个冬天里壮大成长。"

赵映强

"互联网+"策略下农产品品牌化是重中之重

> 于农企而言,"互联网+农业"让农企根据销售来组织生产,相当于对产业链全要素进行重组,这让"靠天吃饭"的农企最大限度地降低了产品销售风险。互联网的开放、快速、传播特性,则将倒逼农企更加注重品牌、特色,挖掘文化内涵,树立起农业"百年老店"的形象。

*　*　*

东方粮仓电子商务公司总经理赵映强在2015中国粮油财富论坛上介绍了"互联网+"下农企的三项策略。

第一个策略是整个产业的互联网化。进入互联网,加工产业可以加入互联网相关技术,生产的所有产品有溯源管理。另外从开始春季播种一直到后续收割的过程,到生产加工可以做全产业管理,可以做数据化传输。

赵映强认为,互联网下的开放式经营,让经营者在PC端包括移动端,可以接触到消费者,把产业链优势完整地呈现在消费者面前,相当于实现整个为消费者全渠道的服务。

在消费者为王的时代,产品的体验成为至关重要的因素,体验后产生信任才会有价值认同,赵映强介绍的第二个策略是体验经济。现代农业的体验经济应该从产品出发,以消费者为中心,通过个性化服务,满足消费者安全、情感、参与感、成就感等诸方面的体验,提高产品的溢价。体验经济下的营销,向用户提供的不仅仅是一种商品,而是一种更高价值的服务。

最后的策略就是传统企业如何从互联网起步。赵映强说:"传统企业互联网起步策略，行业内的沟通有些观点是相同的，起步策略并不复杂，大概是三个方式，就是线上从线下开始、大数据从小数据开始、互联网从关系网开始。"

  线上线下各有优缺点。线上线下开始时，可以利用线下相关优势弥补现在线上不足的问题，用这种互补，把它的优势融合到线上来。大数据可以从小数据开始。大数据需要企业自身做投入建设，包括结构的搭建，企业可以作更有效的分析。在产品销售过程中，可以从你的员工和企业的关系网开始，这样渗入基础社交，做到互联网从关系网开始。

  "互联网+"农业给了未来农业无限遐想的空间。赵映强同时对"互联网+"下的农业发展趋势作了大胆的预测。赵映强认为农业会出现物联网技术下的工业化生产、扁平化物流交易集散模式、农产品品牌化模式加速推进，多形式农产品交易电商平台、以大数据为基础的市场预测分析及产品开发、给农业更多可能的农业众筹模式等趋势。

  赵映强指出，农产品加工企业一定要认识到互联网的标准化管控非常严格。国内的情况下品牌化是重中之重。现在选农产品更多的是地域性的品牌，产品品牌非常少。或者许多人只认同大企业集团，单一品牌大家不太熟知，这也是给了涉农企业机会。

  品牌农业以市场需求为原点，以生态安全为基础，以工业化经营为理念，以品牌营销为路径，打通第一、第二、第三产业，促进农业增效、农民增收，消费者受益，最终实现可持续发展的农业。

  赵映强认为，未来品牌农业会关注生态化、产业化、标准化。生态化，包含整个农业的生态化，包括产业化的运作。另外标准化的经营，再加上整个农业部门价值的提升。品牌农业沿这几个方向进行延展，才能提高附加值和企业溢价能力。

刘晓忠

粮改当以少干预多爱护为取向

> 若能有效推进粮食定价机制、补贴制度、收储制度和粮食流通体制等改革,至少将有助于打破粮农在国内农业生态链中的不利地位,为农业生产经营体制改革提供更大的空间。当然,要为农业生产经营体制改革等供给侧变革腾挪更大空间,粮改当以少干预多爱护为取向。

* * *

权威人士表示,当前我国粮价明显高于国际市场,下一步将进行粮食定价机制、补贴方式和收储制度等一系列改革,实行市场定价、价补分离。

推进粮食定价机制、补贴方式和收储制度等改革,是沿袭2012年末中央农村工作会议提出的积极创新农业生产体制,鼓励联产经营、专业大户和家庭农场等的思路,在农业和农村地区推进的新供给侧改革。

历时3年有余的农业经营体制改革始终破而未立,其中最重要的原因之一就是,粮食定价机制、补贴制度、收储制度和粮食流通体制等未能有效突破,导致农业经营体制改革出现有方向但缺空间的局面。同时粮食流通体制改革滞后,这就使得过去那种粮农与市场的直接接触并未获得有效突破,粮农自发生产组织的建立面临种种障碍,农业社会化分工也无法有效培育,粮食生产组织直接参与市场博弈的议价能力依然得不到有效发挥。此外,近年来国内外粮价之差过高,使国内粮农在国内农业生态链和在国际市场竞争中处于不利地位。

若能有效推进粮食定价机制、补贴制度、收储制度和粮食流通体制等改革,至少将有助于打破粮农在国内农业生态链中的不利地位,为农业生产经营体制改革提供更大的空间。当然，要为农业生产经营体制改革等供给侧变革腾挪更大空间，粮改当以少干预多爱护为取向。

少干预，首先是逐渐实行粮食定价市场化，让粮食的市场价格信号直接决定粮农的种植结构、生产方式和种植面积，而非通过最低收购价，让国内相对零散的粮食生产组织同国际大型农场展开不对称竞争。其次，为农地流转、转租等提供有效的制度保障，以降低农地的流转成本，进一步鼓励和支持专业大户、家庭农场以及各种粮食生产经营合作组织建立，推动农业生产的社会化分工更加细化。再次，改革收储制度，降低粮农直接入市的流通和交易成本，以此提高粮农对市场的敏感性适应能力。

多爱护，一方面要真正推进粮价与补贴分离，对符合国家政策和国际规范的绿箱补贴，直接补贴给粮农，而非主要补贴到粮食流通环节，使对粮农的各种补贴不会影响甚至扭曲粮价，干扰市场机制的正常发挥和市场资源的有效配置。另一方面，进一步完善耕地用益物权属性，使耕地、农村宅基地等具有财产抵押权，积极创造条件盘活农村存量资产，构建新的农业金融服务体系。

需要补充的是，引导和推进数字信息技术与农业经济的结合，鼓励电子农商的发展，为粮食生产的应许定制和个性化耕作创造条件，尽可能降低农业生产的"蛛网效应"。

总之，改革粮价形成机制，重构农业补贴制度和收储制度，完善粮食流通体制等，将是接下来农业供给侧改革的关键突破口。

王小语

我国大豆产业发展应更规范科学

> 大豆加工领域推进供给侧改革,淘汰落后产能应向创新、绿色、开放等方面发展。淘汰产能并不是企业关停、员工下岗,国家要求的是提档升级,创新发展。我国存在雾霾问题,而发达国家将转基因大豆油应用于化工涂料、水漆领域,这就需要我们的产业进行借鉴学习。

* * *

"在'十三五'期间,国家应将大豆产业的发展提高到更加规范和科学的层面,更好地指导和规范企业对大豆产品质量的控制。推进产业兼并重组,淘汰压缩沿海过剩产能。"黑龙江大豆协会副秘书长王小语提出建议。

据王小语介绍,黑龙江省新豆上市已两个多月,豆农手中大豆出手四成左右,过半大豆还没出手,多半农户在观望。导致产区大豆销售进度慢的主要原因就是进口过量、加工产能过剩。

2015年1~11月我国进口大豆7257万吨,比上年同期增加15.4%,预计全年进口超过8000万吨,供应量超过9235万吨。农产品是可再生资源,过量进口会抢占我国豆农的市场份额。2014年世界人口71亿,我国人口13.6亿,我国占世界人口的19.1%。2013~2014年度世界大豆消费量2.7亿吨,按人口比重测算,我国应消费大豆5225万吨,而供应量是9235万吨,超过了消费量4000多万吨,当然会导致国产大豆无处销售。

"国内大豆产业还存在一个严重问题,就是产能过剩。"王小语表示,2015年我国大豆榨油加工产能1.45亿吨,产能国有、外资、民营三足鼎立,实际需求不过6000万吨水平，产能过剩已超过一倍。过剩的产能形成巨大的资源和人力物力浪费，同时也是进口大豆控制国内大豆的有力武器。进口大豆需要国内大豆价格下跌时，就快速加工，快速把产品铺向国内市场；需要国内大豆价格上涨时，就限制开工，使市场短期供求紧张。用这些方法来控制市场的定价权和话语权。

"近些年，我国大力淘汰落后产能，但国内很多央企和外企还在大规模扩张产能，这样做无异于剥夺国产豆农的生存权。"王小语认为，我国应在"十三五"期间，推进产业兼并重组，淘汰压缩沿海过剩产能。

王小语建议，大豆加工领域推进供给侧改革，淘汰落后产能应向创新、绿色、开放等方面发展。淘汰产能并不是企业关停、员工下岗，国家要求的是提档升级，创新发展。我国存在雾霾问题，而发达国家将转基因大豆油应用于化工涂料、水漆领域，这就需要我们的产业进行借鉴学习。中国涂料工业协会资料显示，雾霾产生主要来源中约18%是由溶剂型油漆排放导致的，水漆是解决雾霾问题的重要途径。但国外长期垄断核心技术，国外水漆应用率高达90%，而在我国市场占比率不足5%。国外的大豆油墨已经广泛应用于印刷品，这些都是我们大豆产业实施供给侧改革的立足点。

转基因问题一直是国人关注的敏感话题。王小语称，国内进口的大豆绝大多数是转基因品种，并不安全。一是转基因大豆蛋白国际市场不接受。二是转基因大豆油健康功能不如非转基因品种的大豆油。三是转基因大豆抗癌成分低于非转基因品种的大豆。

王小语说，尤其最近我国台湾地区立法禁止校园食用转基因食材；菲律宾全面禁止转基因，俄罗斯也禁止转基因农作物的种植。

现在已到我国进一步采取措施的时候了。

朱秀清

大豆制品开发应注重传统及品牌

我国虽然在加工豆腐、豆豉等传统豆制品上有优势,但在传统大豆制品的工业化生产、传统大豆制品的细化以及传统豆制品产业链的延长等方面存在着问题。因此,借鉴西方先进的理念和研究方法,发展我国传统大豆制品产业,是弘扬东方食品文化的重要任务,也是我国社会、经济发展的必然要求。

* * *

"大豆是我国主要的大宗农作物之一,在农业经济中占有比较重要的地位。近年我国经济快速发展,已然成为第二大经济体,大豆产业稳步前进。但是近几年我国大豆产业在生产、加工、销售等环节的发展受到严重的制约,不仅产量大幅下降,而且大豆市场陷入失去主导权、没有定价权、缺乏竞争力的局面。发展大豆产业化对我国大豆生产意义重大。"国家大豆工程技术研究中心朱秀清教授表示。

朱秀清在谈到国内外大豆加工业发展的路径和趋势时称,20世纪70年代美国掀起了"大豆蛋白热",80年代中国掀起了"大豆浸出油热",90年代东南亚掀起了"大豆磷脂热",2000年,美国、中国、日本掀起了"大豆异黄酮、皂甙、低聚糖活性物质"加工与利用热潮。纵观世界大豆加工业的发展趋势,原料主产国大豆加工业有所发展,非主产国大豆加工业有所突破。

开发传统大豆制品。努力开发传统及品牌大豆制品,是大豆食品加工业产品开发的主攻方向。传统大豆食品是我国大豆产业的支柱,我国虽然在加工豆腐、豆豉等传统豆制品上有优势，但在传统大豆制品的工业化生产、传统大豆制品的细化以及传统豆制品产业链的延长等方面存在着问题。

因此，借鉴西方先进的理念和研究方法，发展我国传统大豆制品产业，是弘扬东方食品文化的重要任务，也是我国社会、经济发展的必然要求。

注重高附加值和高科技产品的开发。我国大豆食品涵盖了十四大类上百种产品，但百姓的消费仍然以传统豆制品为主，因此要增加消费量，拉动市场升级，需要大豆食品企业加大研发力度，做深产品线，提高附加值，拓宽销售渠道。世界大豆加工业的发展趋势是进行精深加工、多层次利用增值，由粗、初加工向精、深加工推进，产品由中间产品走向终端产品。大豆蛋白开始研发肽、酪等产品，生产了饮品肽、聚酯高强塑料等保健、轻化工制品等，大豆油脂研发了粉末油脂、植脂末、生物柴油、燃油乳化剂等专用特用油脂等，大豆磷脂研发了酵素磷脂、酰化磷脂和抗熔性磷脂，生产了磷脂-鸦胆子油抗癌乳剂、大豆异黄酮、皂甙、低聚糖，生产了粉剂、冲剂、含片等，还开发了油漆、染料、胶粘剂、烟雾剂及活水净化剂等产品。

加快大豆加工设备制造业发展。大豆食品企业非常重视产品的质量安全，注重标准化生产和规范化经营，规模化发展已成为必然趋势。大豆食品行业目前已实现了工业化和规模化生产，豆制品加工机械随着需求量的上升而迅速成长。然而大豆加工设备制造行业仍处在发展阶段，管理水平还较薄弱，亟待管理更科学、理念更先进的企业进入，以此带动行业的整体提升。为适应行业发展，设备生产企业仍需增强自主创新能力，进一步提高产品质量和强化服务意识，为大豆食品生产企业提供一个完备的技术支撑体系。

朱秀清还提出要对大豆加工中产生的废水进行资源化利用。豆制品废水的资源化利用不仅降低环境污染，而且可回收很多营养成分物质，从而获得经济效益。

龚建明

加大油用牡丹推广　扶持龙头企业发展

> 牡丹产业有许多优势和潜力，也面临诸多问题：当前的科研投入以及资金跟不上产业发展步伐，各地的牡丹良种面积所占比例小、单位面积产量低、标准化生产程度不高、牡丹质量安全体系建设不完善，加工设施陈旧、劳动生产率低、组织化程度较低等。

* * *

在十二届全国人大四次会议期间，全国人大常委会委员、农工党中央副主席龚建明针对我国食用油安全战略向大会提交了建议，他建议加大油用牡丹推广种植，发展油用牡丹产业。

龚建明指出，牡丹是多年生木本植物，一次种植几十年受益，百年牡丹随处可见，且极少打药施肥，可与多种树木、中草药等进行立体种植和套种，大大降低农民的劳动强度。油用牡丹不仅适宜北方半干旱地区、半荒漠化地区，而且适于长江、黄河流域的平原地区、山坡丘陵地区，全国有26个省市区适合种植油料牡丹。

龚建明称，发展油用牡丹产业将带来优良的生态和环境效益。目前油用牡丹的种植面积已经达到200万亩，部分省还推出了牡丹产业发展的规划，当前，牡丹产业发展正处于一个重要关键时期，国家食用油安全得到前所未有的挑战，食用油安全战略是我国粮食安全战略的重要组成部分，而油用牡丹产业化发展可以有效解决中国食用油进口依赖过多的问题。

牡丹产业有许多优势和潜力，也面临诸多问题：当前的科研投入以及资金跟不上产业发展步伐，各地的牡丹良种面积所占比例小、单位面积产量低、标准化生产程度不高、牡丹质量安全体系建设不完善，加工设施陈旧、劳动生产率低、组织化程度较低等。

为了改变这些状况，龚建明建议：农业部将油用牡丹列为国家扶持农村产业发展的重点项目，推动观赏牡丹种植与油用牡丹共同发展，采取多种形式，开展油料作物品种替代项目、退耕还林项目、生态治理项目、矿区修复项目、牡丹复式套种种植项目等，在全国适宜种植油用牡丹的26个省市区陆续主导建立示范试验基地。

财政部支持各省扶贫办、扶贫基金等利用牡丹精准扶贫，支持在全国建立六大区域的品种基地和科研中心，来选育地方适宜的良种。重点建设国家级牡丹科技创新中心和区域性科技研发中心。从传统技术产品，到高新技术对牡丹全系产品进行研发，如牡丹油、牡丹微胶囊、牡丹化妆品、牡丹保健品、牡丹提取物创新利用、牡丹专用肥的研制、牡丹叶的生物发酵技术等。通过对牡丹产业全面发展的金融政策和资金扶持，适种省市区建立牡丹专项产业基金。投入专项资金扶持人才培训，解决我国牡丹产业实用技术人才紧缺的现状。

强化科技创新，重点支持建立牡丹野生资源评价与保护试验站，推动油用牡丹资源筛选与种质创新科研项目发展，全面建立油用牡丹高产优质栽培产业技术体系、油用牡丹高效育种技术体系、优质牡丹油深加工技术体系。

扶持牡丹龙头企业发展，进一步促进休闲农业与乡村旅游的发展，通过建立产业园区来实现空间集聚，建立具有一定规模的大型综合产业园区，带动园区及周边村镇的发展，实现村镇经济转型升级、农民增收、企业获利的新局面。

郑励志

科学筹划"加油"工程 慎防揠苗助长

> 发展木本油料种植,一定要遵循"'缘木求油'为扶贫,科技始终要先行,资金用在'刀刃'上,规划运作需严谨"的原则。此外在全程做好产前、产中、产后各种服务的同时,还得制定相应的特殊政策,明确林权、树权、土地使用权,从根本上解除种植者的后顾之忧。

* * *

近年来,木本油料迎来了难得的发展机遇。特别是2015年11月底,由国家林业局、财政部、国务院扶贫办及国家开发银行联合决定,大力支持贫困地区发展油茶、核桃等木本油料产业,努力增加贫困人口收入,促进贫困地区全面建成小康社会,更使全国方兴未艾的木本油料热快速升温。

让木本油料为脱贫"加油",使"十年树木"的"缘木求油"快速"流金淌银",除要坚持尊重科学、科技先行外,没有任何捷径。

从发展空间看,我国林地宜林地面积数倍于捉襟见肘的耕地。据国家林业局介绍,全国有6亿多亩宜林荒山地和近1亿公顷盐碱地、沙地及矿山复垦地等,其中一部分适宜发展木本粮油,且潜力巨大。

我国现有木本油料树种200多种,从南方的油棕到北方的文冠果、红松籽,历史悠久的油茶、核桃及近年崛起的油用牡丹,还有从北美引入逾百年崭露头角的碧根果——薄壳山核桃等。随着现代林果科技的快速发展,更为"缘木求油"的稳健发展插上了腾飞的翅膀。

半个多世纪发展木本油料产业的经验告诉我们,对于"十年树木"的木本油料产业切忌急功近利、揠苗助长。1958年,某省曾耗资30万元,用南方枫杨作砧木嫁接北方核桃，由于违背科学规律，结果不到两年"全军覆没"。十一届三中全会后，国家曾提供资金和平价化肥等支持地方种植油橄榄，但由于当时没有形成规模，收获的油橄榄无人收购，1984年食用油形势好转，国家对生产单位资金扶持全部中断后，一些林场便改种其他。

当前在木本油料产业被赋予为"油瓶"和扶贫同时"加油"的两项重任下，特别是后者时间紧迫任务艰巨，更需精心设计，科学筹划。要按照到2020年的目标要求，用倒计时办法科学精准运作。

在当前种苗无法满足种植热潮的情况下，不妨采取"果苗兼营"的运作模式，获取早期收益。若在有大龄嫁接苗的情况下，2016年定植的大龄容器嫁接苗，品种配伍得当，栽培管理规范，预计2~3年可望挂果，到2020年后才能陆续进入初盛果期。但如果2016年开始育苗，2年后进行嫁接或出售实生苗，再经2年嫁接苗出圃时，其售苗收入才有望满足精准脱贫的目标。

有专家提醒，对于木本油料中的高产高效典型，既是科学运作的成果，但也都有一定的客观前提条件，不具普遍性。特别对刚刚涉足这一产业的"门外汉"，不能盲目自信，跌入"挡不住诱惑"的陷阱。

眼下已进入植树造林的黄金季节，发展木本油料种植，一定要遵循"'缘木求油'为扶贫，科技始终要先行，资金用在'刀刃'上，规划运作需严谨"的原则。此外在全程做好产前、产中、产后各种服务的同时，还得制定相应的特殊政策，明确林权、树权、土地使用权，从根本上解除种植者的后顾之忧。

王瑞元

积极稳妥化解粮油加工产能过剩

综合分析,"十三五"前期国内外粮油供求形势仍将延续总体宽松的格局。我国小麦供求基本平衡,玉米和稻谷阶段性过剩特征明显,油料、油脂市场价格低迷。根据这一现状,粮油加工企业有责任处理好部分粮油品种阶段性过剩的问题,为适当消化部分现有粮油库存作出贡献。

* * *

"我国GDP增长目标定为6.5%～7%,这预示着我国经济发展已转为中高速增长。根据这个总目标,从'十二五'粮油加工业的发展速度来看,粮油加工业在'十三五'期间其增长速度定在每年递增8%～10%是有可能的,也是必需的。"在2016年3月21日的湖北双低优质油菜产业发展论坛上,中国粮油学会首席专家、中国粮油学会油脂分会会长王瑞元在《关于制定"十三五"粮油加工业发展规划》的报告中表示。

王瑞元说,鉴于粮油加工业"产能过剩"的实际,我们要积极稳妥化解产能过剩,以提高粮油加工业的发展水平。要通过多种方式加快淘汰能耗高、效益差、产品质量无保障、管理粗放、水平低的落后产能;对于资产负债高、长期处于亏损和停产半停产的"僵尸企业",要通过兼并重组等方式进行稳妥处置;与此同时,要积极支持基础实力强、管理水平高、市场前景好、发展潜力大的先进产能,扶持其继续发展壮大;要继续支持工业、物流园区建设,提高粮油加工业的发展水平。

要转方式、调结构、去库存。根据近年来国内外粮油生产连续丰收、消费疲软不振、供需整体宽松以及"我国粮油库存之高前所未有"等实际情况，综合分析，"十三五"前期国内外粮油供求形势仍将延续总体宽松的格局。我国小麦供求基本平衡，玉米和稻谷阶段性过剩特征明显，油料、油脂市场价格低迷。根据这一现状，粮油加工企业有责任处理好部分粮油品种阶段性过剩的问题，为适当消化部分现有粮油库存作出贡献。

与此同时，粮油加工企业要积极调整产品结构、转变发展方式，要加快开发"系列化、多元化、差异化和营养健康型"的粮油产品；进一步提高品牌意识，提高名特优新产品的比重；要扩大专用米、专用粉和专用油的比重，积极发展全麦粉、糙米、杂粮制品和特种油脂，大力推进"绿色全谷物口粮工程"；要继续下大力气促进主食品工业化生产，方便百姓生活；要进一步发展有品牌的米、面、油小包装产品，尤其要加快发展小包装食用油。

要继续坚持粮油产品安全质量第一，继续倡导"营养健康消费"和"适度加工"。粮油加工企业要继续倡导"适度加工"，提高纯度，合理控制精度，提高出品率，最大程度保存粮油原料中的固有营养成分，最大程度防范粮油产品因"过度加工"而导致有害、有毒物质的产生；要科学制、修订好粮油产品质量标准，纠正粮油产品的"过精、过细、过白和油色过淡"等过度加工现象。

王瑞元强调，粮油加工中生产出的副产物很多，必须充分加以利用。当前，这些资源利用的重点仍应放在大力推广米糠和玉米胚芽的集中制油上，放在稻壳、皮壳作供热和发电上，放在提高碎米、小麦胚芽和麸皮等副产物的综合利用开发上，放在油料饼粕的最佳有效利用上。

王瑞元还就要重视安全文明、绿色环保和节能减排；要重视粮油科技创新，抢占粮油加工的制高点；要重视关键技术装备的创新开发研制，进一步实施"走出去"战略等进行了阐述。

黄凤洪

做有个性的菜籽油品牌

> 随着人们健康意识不断提高,具有营养性、个性化的食用油正被更多消费者所青睐。因此,油菜籽加工企业亟须提高加工技术,创新生产方式,满足消费者吃得好、吃得健康、吃出营养的诉求,逐步从原来大众化、没有个性的"粗"加工向现在区域化、多元化、个性化生产靠近,真正做到色香味形全有,营养安全俱佳。

* * *

在2016年5月26日召开的第六届中国(东湖)油菜籽产业发展大会暨油脂油料市场行情研讨会上,中国农科院油料作物研究所副所长黄凤洪表示,随着人们健康意识的不断提高,具有营养性、个性化的食用油正被更多消费者所青睐。因此,油菜籽加工企业亟须提高加工技术,创新生产方式,满足消费者吃得好、吃得健康、吃出营养的诉求,逐步从原来大众化、没有个性的"粗"加工向现在区域化、多元化、个性化生产靠近,真正做到色香味形全有,营养安全俱佳。

黄凤洪说,国产油菜籽有三大优势:一是非转基因,二是本土生产,三是口味适合中华饮食文化。一般来说,油菜籽是用作榨油和饼粕生产的,油很重要,饼粕里的蛋白质很重要,但现在更要重视菜籽里的活性成分。通过近年来的发展,双低菜籽含油量由原来的37%提升至40%甚至更高,芥酸含量降到5%,部分区域甚至小于1%,且氨基酸含量非常高,苯丙氨酸、赖氨酸、蛋氨酸含量也较高。

长期以来,油脂压榨行业一直采用过度加工、粗放加工的生产方式确实没有充分挖掘出油菜籽的价值,这种方式加工出的"色拉油"没有特色,与其他油种放在一起,没有竞争力。黄凤洪认为,在关注营养和健康成为市场主流需求的时候,企业必须改变。尽管企业在经营过程中遇到很多困难,也必须坚持"破冰",如果对于油菜籽市场缺乏认识,加工手段不能创新,满足老百姓需要的产品做不出来,企业最终会陷入低效益不发展的恶性循环。

"此外,文化问题也要重视。"黄凤洪说,企业不仅要研究产品,更要研究文化,中国饮食文化享誉世界,饮食文化的重要组成就是"柴米油盐酱醋茶",这其中就包含"油"。企业要着重分析消费市场,分析各区域消费者对"油"的色、香、味、形的需求,不同区域菜系对"油"的不同需求。

黄凤洪认为,中国的食用油消费市场很大,进口油很多,但国内个性化的油品不多。鲁花的花生油很好,其销售量、效益、市场占有率逐年提高,而油菜籽这么大的品类,在市场上却无足轻重,究其原因,还是因为菜籽油没有个性,没有卖点,没有提供与国人健康营养需求和传统饮食文化相契合的产品。

"目前,我们的油脂加工技术需要作一个重大调整,传统工艺是为了做'色拉油'生产出来的,如今,必须要结合我国饮食文化的色、香、味、形的特色,在保证安全和营养的前提下,开发出一些新型的工艺技术。"黄凤洪说,大宗、低廉的或者同质的产品没有竞争力,而高端、特色以及符合中国传统饮食文化的菜籽油产品有很大的市场空间。现在去谈消费者有没有购买能力还为时尚早,当务之急是看看企业能不能生产出他们喜欢的产品。

最后,黄凤洪表示,目前还有很多消费者对食用油的选择偏感性,尽管有营养健康的需求,却没有相应的专业知识去鉴别,结果是催生了很多概念化的食用油产品。当然,这主要还是市场培育的问题,需要企业、学界以及相关机构共同营造一个理性的消费环境,从而更好地引导市场健康发展。

盖钧镒

发展大豆产业需要创新思维

> 国内大豆产业正面临着国际大豆生产蓬勃发展以及国内相关产业政策支持力度不足的严峻挑战。未来大豆产业发展，首先要通过科技创新来提高大豆产量，提高对大豆的消费，降低生产成本，要保证农民得到利益；其次需要国家调整国际贸易政策，并对国内大豆产业提供更多支持。

* * *

2016年9月18日，国家大豆改良中心主任、中国工程院院士盖钧镒在大豆产业发展论坛上表示，国内大豆产业正面临着国际大豆生产蓬勃发展以及国内相关产业政策支持力度不足的严峻挑战，要推动未来大豆产业的发展，发展新品种和提高产量是关键。此外，还需要用创新的思维拉动产业体系发展。

盖钧镒表示，我国目前对大豆年需求量巨大，约9000万吨，但80%的大豆供应需要依赖国际市场，自己供给率不到20%。"进口量巨大，是因为美国、巴西等国家对大豆产业的有力推动，导致国际大豆到岸价不到3000元/吨，而我国的大豆生产成本高达3800~3900元/吨，这对国内未来大豆产业是严重的挑战。如果农民得不到利益，仅有种植结构调整的概念是不够的。"盖钧镒说。

此外，盖钧镒指出，目前由于国家对进口转基因产品管理政策存在空当，导致目前大量原本只能用于油脂加工的转基因大豆非法流向了食品市场。盖钧镒表示，在国产食用大豆成本已经偏高的情况下，这种情况会对我国大豆产业发展形成严重的阻力。"这种行为可能导致农民的大豆卖不上好价钱。尽管国家进行供给侧结构调整,但是最后可能会失效。"他建议,必须要严格按照国家的政策来对待转基因产品的购销。

盖钧镒认为,未来大豆产业发展,首先要通过科技创新来提高大豆产量,提高对大豆的消费,降低生产成本,要保证农民得到利益;其次需要国家调整国际贸易政策,并对国内大豆产业提供更多支持。

盖钧镒指出,未来大豆要发展,最终还是要靠生产技术的改进。目前我国大豆平均亩产量不到250斤,大体上相当于美洲的2/3,二者之间的差距主要体现在品种和种植条件上。

他表示,在没有突破性的品种出现以前,我国农业科研部门要充分利用现有品种的潜力。在技术方面,现代农业技术,包括"互联网+"技术都应引进到农业体系里来,还包括农民生产组织形式改进、加快实现全面机械化等。

在食品加工方面,他表示大豆食品作为大豆的主要产品,其加工技术还有很大科研潜力。他建议,如果在豆奶或者豆浆的加工上面有所突破,用豆奶的发展来替代奶业的发展,这就减少了一个环节,不需要饲养的手段,不需要大豆转化成肉或者牛奶,而直接从大豆加工变成奶制品。

"如果我们今后的研究,特别是主产区黑龙江省能够在这两个方面有所突破的话,那么我国大豆产业就会实现突飞猛进的发展。"盖钧镒指出。

郄建伟

"吉林大米"是粮食供给侧改革的鲜活样本

> 生产方面,吉林大米不断推出新品种;流通方面,深度整合资源、培育品牌;消费方面,加大推介力度、拓宽宣传受众面,持续赢得客户;销售方面,牢牢站稳了中心城市的市场。"吉林大米"的快速崛起为粮食行业特别是大米行业的供给侧结构改革提供了样本。

* * *

近两年来,"吉林大米"品牌快速崛起,在全国的生产、流通、消费各个领域引起了极大反响。

生产方面,吉林大米不断推出新品种;流通方面,深度整合资源、培育品牌;消费方面,加大推介力度、拓宽宣传受众面,持续赢得客户;销售方面,牢牢站稳了中心城市的市场,特别是在长三角、珠三角、京津塘地区取得了良好的销售业绩。

中国粮食行业协会副会长、大米分会理事长郄建伟认为,"吉林大米"的快速崛起为粮食行业特别是大米行业的供给侧结构改革提供了样本。

据介绍,粮食行业目前面临着很严峻的形势。从2004年到2016年,粮食流通体制的改革不断深化,取得了很多成绩,但也面临着严峻的新形势、新矛盾,国家粮食行业从整体上不断深化粮食流通体制改革方案。与此同时,因我国居民的消费水平的提高,也对粮食消费的内容、特点提出了很多新的要求,中央有关部门和国家粮食局都先后出台农业、粮食供给侧改革的新方案。

"正是在这种形势下,我们看到吉林省适时提出了吉林大米的发展策略，喊出了'好吃、营养、更安全'这样一个响亮的口号，这与消费者的需求高度一致。也就是说，居民消费水平提高以后，对大米的要求不仅是量的需求，而且是质的需求，是安全的需求，是营养的需求。"郄建伟说。

吉林省提出大米主打高端市场、整合品牌、建立联盟，通过品牌建设，不断扩大市场占有率，提高企业核心竞争力，这些做法与中央和国家粮食局提出的粮食供给侧改革高度一致，同时也是吉林大米短时间快速崛起的一个非常重要的基础。

郄建伟同时指出，吉林大米的崛起以品牌现象为中心，提出了吉林省大米品牌整合的一系列做法，这特别值得借鉴。

吉林大米崛起的过程，同时也给大米加工企业的发展提供了新的思维模式，令企业更加牢固地树立品牌意识、标准意识，改变传统的思维，跟上消费新形势。

郄建伟同时对"吉林大米"品牌建设的下一步工作开展提出建议。

他指出，首先是坚持抓好标准体系建设。吉林大米要进一步发展，必须有自己的特色、独立的标准体系，建立质量标准，逐步完善加工技术标准、各类操作标准以及销售标准的流程，形成完整的体系，这样才能保证吉林大米品牌的质量。其次，在供给侧改革的调整中，要注重发展精深加工和新产品的开发，开发出更加营养、安全的品种，同时要注意开拓国际市场。再者，要加强监督管理，实行优胜劣汰，"吉林大米"产业联盟内部也要建立退出机制，必须在监督过程中加强对品牌的保护。

"吉林大米今后的发展过程必须注重发挥市场的主体作用、企业的主导作用。要在发展过程中不断增强企业的责任意识，企业不能单纯地依赖政府，行政手段要逐步弱化，必须认识到市场基础作用的发挥才是吉林大米发展的长久动力。"郄建伟强调。

谢 健

标准体系建设要瞄准两大目标

> 随着消费者生活水平的提高,市场需要有品质更高的品牌大米来满足消费需求。"吉林大米"标准体系建设,最终要以提高产品质量安全水平和竞争力为目标,对生产、加工、流通全过程实行综合标准化管理。下一步"吉林大米"要继续完善联盟标准体系,抓好标准化作业示范区。

* * *

随着生活水平的提高,大众消费者"吃好""吃健康"的诉求不断上升,市场需要有品质更高的品牌大米来满足消费需求。中国粮油学会食品分会副会长、教授级高工谢健介绍说,2015年,我国人均GDP将近达到8000美元,高品质产品是社会发展的需求,我国经济社会已经进入一个对消费品品质追求较高的新阶段。

以方便面为例,据介绍,2015年,国内方便面产业陷入空前的危机。"在过去的几年里,对食品、饮料行业影响最大的,不是互联网模式,而是人们的健康食品消费理念的更迭、中产阶级的崛起。提高产品品质是我国社会和市场发展、供给侧改革、产品升级的必然选择。"谢健指出。

市场竞争首先是拼质量,然后是拼价格、拼渠道、拼促销,最终发展到拼品牌。"所以粮食全面进入这样一个阶段以后,大米等粮食企业如何满足消费的新需求?就像习近平总书记所说的'粮食也要打出品牌'。"谢健说。"吉林大米"标准体系建设,最终要以提高产品质量安全水平和竞争力为目标,对生产、加工、流通全过程实行综合标准化管理。

谢健表示,高端品牌的打造,营销是重要的一条腿,还有一条腿,你可以装作别人不知道，你可以瘸腿生存，但是绝对不可能独腿行走很长时间。这另外一条腿就是品质，品质是品牌的核心和物质基础。没有规矩，不成方圆。标准就是产品品质的规矩。产品品质需要标准体系保障。

国务院办公厅不久前印发的《消费品标准和质量提升规划（2016-2020年）》，提出要改革标准供给体系，构建政府主导制定标准与市场制定标准。

"以泰国白米标准为例，它分A、B、C三级，分得非常细。我们的大米如果打造高端品质的产品，在标准上面必须要先行出台。"谢健说。

谈到吉林省粮食行业协会出台的吉林稻花香、吉林圆粒香、吉林长粒香、吉林秋田小町4个优质大米品种的标准，谢健认为，其标准个性强、要求高。"4个优质大米品种的标准，体现出'产地+品种+优质'的特点，且以省级单位发布细分品种的企业标准，这在国内大米行业是首次。"谢健指出。吉林稻花香、长粒香、圆粒香、秋田小町4个品种标准要求高，主要体现在食用品质好、纯度高、杂物少、爆腰少。

谢健建议，下一步"吉林大米"要继续完善联盟标准体系，抓好标准化作业示范区。

"'吉林大米'联盟标准体系，还要加强原料标准、产成品标准、方法标准、过程标准、服务标准等个性标准建设。比如过程标准要包括种植全过程管理，收割、脱粒、干燥、运输、仓储等稻谷售出全过程，大米加工、产品包装、产品暂存等大米生产全过程各环节的操作规范、规程等。"谢健解释说。

谢健最后强调，高标准要有严要求。"吉林大米"标准体系建设最终要以提高产品质量安全水平和竞争力为目标，对生产、加工、流通全过程实行综合标准化管理。

刘忠堂

构建联动包容的大豆产业

创新应该适应市场的需求。创新体现在方向上，要开展对食用型大豆的差异化发展。在做法上，要改变旧的经营方式为现代联动包容发展新方式，共建一个联动、包容、共赢的发展格局。由产业协会来组织，牵动以企业为龙头，以科技为动力，形成各个产业联动，构建成新的产业运行模式。

* * *

黑龙江省农科院终身研究员、大豆育种专家刘忠堂曾在公开场合表示，虽然国产大豆种植面积和产量下降，但进口量激增，我们人均大豆的消费量已经超过美国，仅次于日本。从这个角度，他认为当前我国整个大豆产业是有史以来最兴旺发达的时期，我国大豆产业要形成一个联动包容性的发展局面，整个产业才能稳定下来。

从事大豆研究50多年，主持和参加育种与栽培的研究项目43项，获得国家、省部、行业各级奖励成果60项，对于大豆产业，刘忠堂如数家珍。

他指出，大豆产业应该是大豆种植业、加工业、销售业等利益的联合体，当前我国大豆产业还是孤立的，没有形成真正意义上的产业，存在着"四难一散"的情况。第一在种植业上，种豆难、卖豆难。农民种豆没有方向，缺乏生产技术指导，找不到市场销路。第二在加工业上买豆难、加工难。企业买不到想用的原料，质量得不到保证。第三在合作上，包容难、诚信难。农民、企业等合作方之间经常发生争议，缺乏合同执行规范。第四信息掌握难、对接难。国内缺乏专门提供信息的机构，中小企业也无法与国际市场实现对接。在刘忠堂看来,"一散"是指大豆产业链条上的几个点是分离的,实际还是一家一户种植,一家一户收购,一企一业加工,一个渠道销售,互不联动,一盘散沙。

在高产育种上,刘忠堂育成了以"合丰25"为代表的品种55个,推广面积5亿亩,可谓我国大豆产业的赫赫"功臣"。他认为,我国的大豆产业要实现振兴,供给侧结构改革是关键,而只有创新增长方式才能为大豆产业的提升提供新的动力。

他进一步指出,创新应该适应市场的需求。"我们是不知道种什么大豆供给企业,加工企业原来需要高油的大豆,我们没生产出来高油品种,于是国外大豆大量进入市场。现在企业又需要高蛋白的食用大豆了,生产的大豆蛋白含量又不够高,又没跟上市场需求。"刘忠堂表示,创新体现在方向上,要开展对食用型大豆的差异化发展。在做法上,要改变旧的经营方式为现代联动包容发展新方式,共建一个联动、包容、共赢的发展格局。

由产业协会来组织,牵动以企业为龙头,以科技为动力,形成各个产业联动,构建成新的产业运行模式。

刘忠堂建议,作为大豆主产区,黑龙江的大豆产业一定要瞄准绿色、无污染、优质的特点,这样的产品,无论是大豆还是加工产品,都会占据市场先机。

韩福春

抓重点破难点　确保玉米市场化改革有序推进

> 玉米执行市场化收购，有利于全国范围内形成大市场大流通，产区政府、粮食部门、涉粮企业就要充分利用吉林玉米的"黄金名片"效应，抓住时机主动找市场，跟踪落实玉米产销合作协议，加强与销区政府、企业建立长期稳定的合作关系，加大招商引资力度，加速吉林玉米市场流通，壮大吉林玉米深加工产业。

* * *

随着新季玉米的陆续上市，玉米收储制度改革正式拉开大幕。习惯了政策性收购的东北玉米主产区，如何做好2016年的玉米收购工作，引导农民、企业适应玉米市场化收购的形势，确保玉米市场化改革有序推进，时任吉林省粮食局局长韩福春对这些问题作出分析。

韩福春表示，市场化收购的新形势下，吉林省的玉米收购面临三不确定和一大风险。

首先是市场价格不确定，新粮大量上市后，价格能在什么水平还不确定。其次是多元主体入市存在不确定性，在市场预期不明朗情况下，各类市场主体入市谨慎。三是收购资金落实存在不确定性，不具备银行信用贷款条件的企业可能遇到收购资金不足的问题。

一大风险则是吉林省2016年秋降雨多，玉米水分高，如果农民把握不好售粮时机，前期惜售，后期集中卖粮，不排除出现区域性、阶段性卖粮难，导致庭院坏粮的风险。

据了解，为解决好"有人收粮"问题，吉林省粮食局切实发挥社会多元主体活跃市场流通的作用,引导企业积极入市收购。

自2016年11月1日开始,吉林省将对省内玉米深加工企业,在收购期内收购加工省内新玉米给予每吨200元补贴,该政策有效提升了深加工企业入市收购的积极性。中储粮吉林分公司和省储备粮公司,也已经落实储备粮轮入计划84亿斤,首批启动了33个收购库点,干粮玉米收购价格为每斤0.725元。

谈到如何解决"有钱收粮"的问题,韩福春介绍说:"为解决企业收购资金的问题,吉林省政府要求各地要积极组织开展银企对接,动员各类金融机构积极加大信贷支持力度,分类研究落实收购资金保障方案。同时确定按照'政府引导、风险共担,市场运作、粮贷挂钩,专款专用、封闭运行'的思路,建立玉米收购贷款风险共担机制,先设立玉米收购风险补偿基金,同步组建粮食收购信贷担保公司,引导金融和社会资金投入。"据了解,目前吉林全省规模以上粮食企业收储能力为2285亿斤,其中可利用收储能力为529亿斤,总体上能够满足需求。

即使如此,吉林省粮食局仍提出加快新建仓容建设进度、抓紧腾仓泄库、扩大"粮食银行"业务,确保今秋粮食收购的仓容需求。

据了解,目前吉林省开办"粮食银行"的企业已经达到153家,还将在考虑风险防控的前提下,进一步扩大开办范围,粮食主产县要力争做到应开尽开。

"解决好收购主体、收购资金、收购仓容三大重点问题之外,我们还要想办法突破'有人卖粮''有人买粮'的两大难点。"韩福春说。

韩福春强调,对农民要做好政策宣传,引导农民有序售粮。玉米执行市场化收购,有利于全国范围内形成大市场大流通,产区政府、粮食部门、涉粮企业就要充分利用吉林玉米的"黄金名片"效应,抓住时机主动找市场,跟踪落实玉米产销合作协议,加强与销区政府、企业建立长期稳定的合作关系,加大招商引资力度,加速吉林玉米市场流通,壮大吉林玉米深加工产业。

刘习东

坚持战略定力 以改革创新驱动产业发展

> 粮食市场越来越大,机会也越来越多。一些老粮企出局了,一些实力很强的企业又进来了。这个行业,你不做,有人做;你不行,有人行。干不好,是你自己的事。粮食企业前进的动力到底是什么?是不断的改革创新。粮食企业一定要有战略定力,在"粮油主业"上不断改革创新,为粮食产业注入新的动力。

* * *

2016年12月2日,江苏省粮食集团董事长刘习东在2016中国粮油财富论坛主题演讲中表示,面对行业巨变,粮食企业一定要有战略定力,在"粮油主业"上不断改革创新,为粮食产业注入新的动力。

刘习东坦言,苏粮集团内部也曾讨论过是否改行,但最后选择了主动坚守,是后来的发展,让大家看到了希望,增强了信心。粮食市场越来越大,机会也越来越多。一些老粮企出局了,一些实力很强的企业又进来了。刘习东深有感触地说:"这个行业,你不做,有人做;你不行,有人行。干不好,是你自己的事。"

刘习东在演讲中分享了苏粮集团改革创新的探索与实践。

一是坚持战略定力在"粮油主业"上不断改革创新。苏粮集团是省属企业中唯一的粮食企业。刘习东说,基于专业化粮食国企的定位,苏粮始终把"突出粮食主业"作为根本方向,心无旁骛地落实"突出主业,健全网络,打造核心,融合发展"的发展战略。

刘习东坚信,"啥好吃啥"是粮食消费的发展趋势,是粮食产业转型升级的方向。苏粮集团为此组建了江苏省沿海农业发展公司，与省内外数家科研院所联合，在国家珍稀动物丹顶鹤和麋鹿栖息生活地，建立绿色生态粮油等农产品生产基地。

二是坚持人才强企，在"后继有人"上不断改革创新。在老国有粮企，年龄老化、知识老化、技能老化、思想老化是比较普遍而突出的现象。刘习东说，引进人才、培养队伍、留住骨干是每个企业必须重视和解决的现实问题。苏粮集团通过引进、培养、选用等多种措施，改善队伍结构。第一，定规划，做好顶层设计人才规划，解决职工队伍年龄、技能、知识老化问题。第二，招英才，不拘一格、不拘形式，广泛招引人才。第三，建平台，与多家院校合作，给员工提供学习提升的平台。第四，搭舞台，事业留人、待遇留人、感情留人，让人才招得进、留得住、派用场。

三是坚持"混合"发展，在"混合动力"上不断改革创新。刘习东认为，老国有企业要想做大规模、搞活机制，就是要通过不断的"混合"，形成"混合动力"，推动老企业转型升级。其一，推动体制混合，促进质变量变。在市场经济中，企业生存发展，要么是优胜劣汰，弱肉强食；要么是主动组合，强强联手，优势互补。在刘习东看来，比较好的选择是后者，主动合作，都产生了"1+1>2"的效果。其二，推动产业联合，提升竞争实力。苏粮集团采取了"内整外联"的做法。所谓"内整"，就是对内部板块进行整合，把分散在各个企业的业务，集中到一个板块。所谓"外联"，就是与外部企业联合。

刘习东特别强调，在混合所有制当中，观念融合也至关重要。只有实现文化融合，才能集聚多元力量，形成磅礴的"混合动力"。管理者既要有"混合"的本领，还要有"融合"的胸怀。

于子华

运用国学做期货 百战不殆胜券握

> 我们要适应市场的节奏,不能让市场适应我们的节奏,市场决定价格,价格影响需求,基本面上是一个不断变化的东西。当前正处于牛市行情的初级阶段,要放弃空头思维,控制好仓位和风险。做期货交易要顺应趋势、控制仓位,仓位控制、资金管理与趋势的把握同等重要,不要重仓、满仓。

* * *

《孙子兵法》里讲:"善战者,因其势而利导之。"意思是善于用兵作战的人要顺着时势的发展趋势从有利的方面去引导它。做期货,就是要在市场上下功夫。

《道德经》里讲:"上善若水。"意思是最高境界的善行,就像水的品性一样,泽被万物而不争名利。在市场里面我们要像水一样柔软,顺应市场的节拍。

别误会!这不是国学大师在讲国学,这是中粮集团的高管、高级国际商务师于子华在2016中国粮油财富论坛上的精彩演讲,他把我们中华民族的文化瑰宝——国学精粹,与期货市场的操盘实战技巧相融合,演绎得淋漓尽致。

在于子华看来,商品期货的操作有很多可以借鉴国学之道。据他介绍,1981年出生的林广茂,以2.8万元本金做期货,最后做到22亿元,被誉为"棉花期货大鳄",当他向林广茂请教交易之道时,这位奇人没有向他推荐期货专业书籍,而是推荐国学经典《孙子兵法》和《道德经》。

于子华说，对林广茂帮助最大的是《孙子兵法》里的这句话："善战者，求之于势，不责于人，故能择人而任势。"期货交易者要善于发现市场里的"势"在哪里？我们要适应市场的节奏，不能让市场适应我们的节奏，市场决定价格，价格影响需求，基本面上是一个不断变化的东西。

大千世界以道相通，道适应于做人做事的方方面面。学习中国传统文化里面的智慧，做到知行合一，对经营非常有帮助。长江商学院如何能够做到成功交易？靠的是取势、明道、优术。而于子华认为，要成功就要做到借势、借智、借力，多结识一些高人，从他们身上吸取智慧，他们的信息圈、人脉圈和一般人的完全不一样，听他们说几句话，可能就会得到非常有价值的信息。

《道德经》中有句话："有道无术，术尚可求；有术无道，止于术。"应用到现在的期货交易中可以理解为，只有专业技能，没有道，在专业技能上就没有支撑的空间。于子华说，当你接触了道，才发现忽然超越，再看市场就完全不一样了。他认为，在市场做交易，可借鉴《论语》里的"毋意、毋必、毋固、毋我"，不要觉得市场就一定是那样，要以市场变化为依据，不要固执己见，不要以自我为中心，去掉主观的东西，做到客观交易，只有这样才能把交易做好，我们要顺应市场的节拍，而不是让市场顺应我们的节拍。

2016年"双十一"我国期货市场的"黑色星期五"的教训历历在目，有段子说，假如你在2016年2月16日10万块钱投入焦炭一直满仓做多，到10月31日变成3.3亿，然后在"双十一"当晚涨停板上满仓做多棉花，5分钟后你的资金就一切归零。段子夸张了点，但当晚的行情的确惊心动魄。

于子华指出，做期货交易要顺应趋势、控制仓位，仓位控制、资金管理与趋势的把握同等重要，不要重仓、满仓。正如《孙子兵法》所言，我们在战争中要做客体，客随主变，要做好防御，防御比进攻更重要。

李振荣

改变"看天吃饭" 烘干收购将成为常态

> 在人力不足、缺少晒场、经济便利等原因促使下,越来越多的农民和种粮大户愿意出售潮粮,尤其是水分较高的中晚稻。烘干收购是改变"看天吃饭"的重要手段之一,今后将成为常态,收购粮源渠道或将出现转变。稻谷生产正朝着更好的方向变化,也只有变化才能更好地适应发展形势和市场需求。

* * *

"时间易逝,岁月易变,年华易老"。一切都在随着时间变化。2016年,我和稻谷一起走在不断变化的"稻"路上。

种植面积的变化。走访调查得知,受农业用地被挤占、务农劳动力减少、双改单现象严重、比较效益下降、转种其他经济作物等多方面因素影响,笔者所在县2016年的早稻种植面积出现了较大幅度的下降,而中晚稻也在呈现逐年小幅下降的趋势。粮食生产无小事,种植面积的减少必须引起各方重视,并对其进行积极面对和做好准备。作为基层粮库的一员,我们更能体会到种植面积的减少带来的变化和影响。同时,还应从底层出发,多关注种粮农民的生存现实和心理变化,抓住问题源头,及时遏止种植面积继续减少的趋势。

潮粮烘干的变化。出售干粮一直是农民的传统和习惯,在人力不足、缺少晒场、经济便利等原因促使下,这一习惯在逐渐发生变化,越来越多的农民和种粮大户愿意出售潮粮,尤其是水分较高的中晚稻。2015年中晚稻收割期间,连续阴雨天气导致稻谷整晒不及时,潮粮烘干的作用凸显出来。从2016年早稻潮粮收购情况来看，农民开始主动寻求更经济、方便的售粮方式，从而使潮粮收购大幅增加，烘干企业开工率充足，甚至超负荷运转还不能满足农户售粮需求，部分县市潮粮烘干量甚至出现翻倍增长的态势。烘干收购是改变"看天吃饭"的重要手段之一，今后将成为常态，收购粮源渠道或将出现转变。

售粮心态的变化。受2015年托市收购结束后稻谷价格大幅下跌的影响，2016年农户的售粮积极性明显高于往年，捂粮、囤粮习惯大有改变，纷纷与粮食经纪人预订售粮时间，"等一等、看一看"的心态基本消失，"落袋为安"是更为明智的选择。种粮农民售粮心态的变化，直接导致2016年稻谷售粮高峰同比前移、收购时间缩短。这种心态的变化或将持续，各收购主体宜转变思想、提前准备，跟上市场"快"节奏。

经纪人身份的变化。"秤砣虽小压千斤"，被称为"粮贩子"的粮食经纪人能量巨大。笔者经常和他们打交道，能叫出上百名粮食经纪人的姓名，甚至能记住他们来自哪个乡镇、运粮的车牌号码，知道这个群体一度处境尴尬。2016年5月我还写过一篇报道，呼吁政府有关部门对其加以重视。2016年11月，国家粮食局发布了《粮食收购资格审核管理办法》，废除了粮食收购资格证，并对粮食经纪人的身份有了更明确的界定。

总体而言，稻谷生产正朝着更好的方向变化，也只有变化才能更好地适应发展形势和市场需求。未来，我和稻谷还将继续走在这条不断发展变化的"稻"路上。

王 梅

供给侧改革稳步推进　市场化收购渐入佳境

> 2016年是玉米市场化改革力度最大的一年，受影响最大的当属原实行临储收购的东北产区。改革涉及玉米全产业链，关联上下游多个产业。农民逐渐开始理解并适应市场化收购，价格虽然还处于弱势，但市场已经由僵持转为活跃，各方反馈信息表明，供给侧改革稳步推进，市场化收购渐入佳境。

* * *

2016年是玉米市场化改革力度最大的一年，国家取消了玉米临储收购政策，转而实行"市场化收购+补贴"新机制。受影响最大的当属原实行临储玉米收购的东北产区。

从农民到专家，从市场到企业，从城市到村屯，整个玉米产业及与之相关的上下游产业均投入了大量精力，对政策变化带来的市场动态密切关注。各方面对玉米市场化改革的认识、看法及意见，大致可以梳理归纳为"四心"。

种植农民担心。下乡走访时，我们看到许多农民非常纠结，成本账算来算去，最后，有的改种了其他经济作物，有的想不出种什么，只好继续种玉米；有的认为虽然市场化收购，但还有种植补贴呢。所以在优势主产区绝大部分种植户还是选择了种玉米，虽然玉米种上了，到时候有没有人收购？价格会是什么样？对于秋天的卖粮还是很担心。

加工企业关心。近年来，玉米深加工企业加工效益欠佳，特别是东北玉米深加工企业受临储政策影响，一方面，原料成本居高不下；另一方面，临储收购量年年创纪录，导致市场玉米流通量严重不足。在与深加工企业座谈时，他们认为实行市场化收购是企业原料玉米采购的最佳途径，自主收购既能降低采购价格，又能节省采购费用，顺价还有利流通。

　　职能部门上心。各级粮食及相关职能部门对于供给侧改革是十分上心的。玉米大省——吉林省年产玉米580亿斤，占全国的15%；商品率95%，居全国第一位；年加工能力300亿斤，居全国第二位。2016年为了保证市场化收购开好头且能够稳步推进，认真落实"有仓收粮、有人收粮、有钱收粮"的三有工作，搭建平台、对接粮企，调动省内外企业利用全省的1000亿斤仓容、3000多亿斤收储能力，粮食银行扩大到150多家。积极开展以代购代销、联购联销、合作经营、异地存储等收购方式，避免出现农民"卖粮难"。

　　相关措施贴心。改革涉及玉米全产业链，关联上下游多个产业。我的感觉是改革正当时，政策得当，相关措施贴心。例如：为避免过度影响农民收益，2016年8月起至10月底，中央财政向东北三省一区拨付了两批玉米生产者补贴资金，累计金额已超过390亿元；为鼓励加工企业的生产积极性，东北三省一区又给予企业旺季收购以每吨100～300元不等的补贴；为保证东北粮食外运开辟公路运输绿色通道，铁路方面也加大了运粮车皮保障力度……春节前正值东北新玉米收购旺季，市场各收购主体开始进场。农民逐渐开始理解并适应市场化收购，玉米上量日益增加，价格虽然还处于弱势，但市场已经由僵持转为活跃，各方反馈信息表明，供给侧改革稳步推进，市场化收购渐入佳境。

王晓辉

重视信息的作用　软实力也能变成硬实力

> 中国是粮食生产大国、消费大国,但却不是粮食信息应用的大国。这些年我们一直在反思:"为什么作为粮食进口大国却在定价上没有话语权?"其中不容忽视的一个因素是没有重视发挥信息的作用,对信息软实力的作用重视程度不够。信息看似柔弱无处着力,但软实力发挥到极致就变成了硬实力。

* * *

1997年,我开始从事粮食信息工作,至今已20个年头。这20年中,信息事业处于发展之中,但是很多问题也常常让我非常焦虑和心痛。

其一是对信息软实力的作用重视程度不够。信息是什么?问题看似简单,答好却难。我个人的理解,信息是资源,信息是渠道,信息是平台,信息是价值。

《孙子兵法》上说:"夫未战而庙算胜者,得算多也,未战而庙算不胜者,得算少也,多算胜,少算不胜,而况于无算乎。"就是在讲信息与应用信息的重要性。中国是粮食生产大国、消费大国,但却不是粮食信息应用的大国。比如,这些年我们一直在反思:"为什么作为粮食进口大国却在定价上没有话语权?"其中不容忽视的一个因素是没有重视发挥信息的作用。

市场上曾流传一个传说,大致内容是:"某年国内有大型国有粮企到美国芝加哥商品交易所(CBOT)参观考察,该行为随即被解读为'中国要大量进口粮食',进而导致短时间内期货价格大涨。"这是市场参与者对信息的敏感反应。我们的投资者关注美国农业部发布的各种信息报告，因为你可以质疑它的公正性，但你不能忽视它的存在。这是为什么？这就是信息软实力的表现。说到"2004年的大豆风波"，有人认为是美国农业部发布不准确信息所致，对此我们不作评价，我们关注的重点是信息在经济行为中所起的重要作用。

老子说，上善若水，水滴石穿，水到至柔处也就是至坚了。信息看似柔弱无处着力，但软实力发挥到极致就变成了硬实力。我们在进行宏观调控时，还经常习惯于硬碰硬的使用实物，认为这样更有效。实际上在某些情况下，发布一个信息、给市场一个信号就完全可以起到事半功倍的效果。

其二是怎样留住信息研究人才。在国外，很多人会一辈子从事信息研究工作。2007年，国内猪肉价格暴涨导致全社会通胀预期不断提高。为了解释饲料粮（主要是玉米）价格上涨与养殖产品（主要是生猪）价格上涨之间的关系，我们开始研究中国的肉禽蛋奶等禽畜产品的供需状况。国内关于牛肉产业的研究资料特别缺乏，经多方寻找，终于查阅到一本《中国牛肉产业》，该书成书于2005年，作者是一个澳大利亚学者。在该书序言中作者称"已专门研究中国肉牛产业25年"。一个外国人，对中国肉牛的研究超过了很多中国人，这不能不说是中国研究者的一个悲哀。

我的理想是"做一个粮油信息事业的造梦人"。因为我爱这个事业。1963年，马丁·路德·金在华盛顿林肯纪念堂发表了著名演讲"我有一个梦想……幽谷上升，高山下降……"53年后，我也有一个梦想：会有那么一天，粮油信息之花开放在中国的每一寸土地上，信息发挥着它应有的作用，所有关注、关心和从事这一事业的人，都无上荣光。

刘 慧

粮食市场化改革动了谁的奶酪

从目前来看,玉米市场化改革在稳步推进。与此同时,曾经围绕着玉米临储政策构建起来的一套制度体系已经不适应市场化收购的需要,需要重新构建一套收储体系。在新的收储体系构建过程中,围绕着玉米临储政策形成的利益攸关方,需要在经历改革所带来的阵痛中转变观念,重新找到角色定位和发展的方向。

* * *

对于粮食行业来说,2016年,注定是不平凡的一年。

在农业供给侧改革大趋势下,国家取消了玉米临储政策,在东北地区实行"市场化收购加补贴"的收储新机制。这一改革举措是破解当前我国粮食供求阶段性、结构性难题的有力举措,有助于消化不断高起的粮食库存,促进国内粮食市场价格逐步与国际粮价接轨。

改革如深水静流。从目前来看,玉米市场化改革在稳步推进。与此同时,曾经围绕着玉米临储政策构建起来的一套制度体系已经不适应市场化收购的需要,需要重新构建一套收储体系。

在新的收储体系构建过程中,围绕着玉米临储政策形成的利益攸关方,需要在经历改革所带来的阵痛中转变观念,重新找到角色定位和发展的方向。观念转变是痛苦的、艰难的,不是一两天就能完成的,但是必须要转变。

对于各级政府来说,要在玉米市场化收购中摆正位置,做到"有所不为"和"有所为"。有所不为,就是政府要退出政策性收购,真正让市场发挥作用,让多元市场主体入市收购。有所为,就是要组织落实好玉米生产者补贴政策，要做好粮食收购的组织工作，确保有人收粮、有仓收粮、有钱收粮、有人运粮。

对于国有粮库来说，要转变经营理念，由以前的坐等收粮到现在主动找市场，利用自身拥有的场地、设备、仓储管理等优势，开展灵活多样的经营。

在这次玉米收储市场化改革中，玉米加工贸易企业成为最大的受益者。玉米价格下跌，以及出口退税、玉米深加工补贴等政策的措施，让多年经营举步维艰的加工企业实现了扭亏为盈，成为东北地区最为活跃的一支收购力量。而且，这次玉米收储市场化改革调动了主产区企业收购贸易粮和销区企业北上调粮的积极性。

在这场改革中，农民因粮食价格大幅度下跌遭受巨大损失。在粮食市场化改革方向已经明确的情况下，通过补贴弥补粮价下跌给农民带来的损失，也是这次粮食收储制度改革的核心内容之一。目前，玉米生产者补贴如期发放，对于稳定种粮农民信心起到积极作用。但是，对于农民来说，还需摆脱多年形成的托市政策依赖症，不断提高市场意识和抵御市场风险的能力。

改革没有回头路，玉米收储制度改革已经拉开粮食收储制度市场化改革序幕。可以想见，随着粮食收储制度改革逐步深入，粮食价格形成机制将逐步理顺，一个产销顺畅、保护有力、粮食安全更有保障的粮食市场将逐步形成。

曹万新

原料价格下降快　核桃加工产业亟须先进产能

> 核桃价格下降是有利的，有利于为核桃加工业提供较低价格的原料，有利于核桃油和核桃其他产品以较低的价格进入市场。但核桃价格下降得有个度，不能使种植业失去比较效益甚至亏损。加快发展核桃加工业是解决问题的办法，解决好种植与加工的协调是产业发展在宏观上的大问题。

* * *

2017年初，核桃苗木销售旺盛，和2016年相比价格较高。这说明各地发展核桃种植的热情依然较高，核桃种植面积还在增加。

硬壳核桃价格最低12元/公斤，核桃仁最低价格30元/公斤，2016年同期价格分别为20元/公斤和40元/公斤，价格下降30%以上。价格下降的主要原因是新栽核桃树已经陆续挂果，供给有所增加。

目前核桃价格下降是有利的，有利于为核桃加工业提供较低价格的原料，有利于核桃油和核桃其他产品以较低的价格进入市场。但核桃价格下降得有个度，不能使种植业失去比较效益甚至亏损。目前防范核桃价格较快下跌是重点。加快发展核桃加工业是解决问题的关键，解决好种植与加工的协调是产业发展在宏观上的大问题。

核桃是作为油料来发展的，寄希望于发展核桃等木本油料以缓解我国食用油的缺口，但现实情况是现有的核桃油生产企业效益并不好。主要原因是核桃原料价格较高，再加上规模不大、工艺落后、加工成本高，使得核桃油价格比较高，这个价格和其他油脂品类无法竞争，销售量不大。

目前加工环节存在的问题也无法使核桃油较好地进入食用油领域。核桃加工的各环节还十分落后，脱青皮、烘干、剥壳、榨油、油脂精炼各环节规模小、机械化程度低。一般收获季节连阴雨较多，也会导致核桃品质下降甚至霉烂。核桃剥壳是人海战术，基本上都是人工一个一个剥，这些是导致核桃仁成本高的环节。

核桃作为可以直接食用的干果，合理的加工方向是尽可能地把核桃仁直接加工成食品。夹仁、碎仁混杂等无法直接作为食品的才能用于榨油。现在核桃价格降低使得核桃食品或者核桃油产品的价格更能被市场接受，如果加工过程规模化、机械化，将更有利于前后产业链协调，促进核桃产业健康协调发展。如果能形成较低的核桃油价格，必将提升核桃油的消费量，带动核桃产业健康发展。

近几年来西安中粮工程研究设计院把核桃加工技术研究作为一个重点领域。目前已经形成了一整套加工技术成果，包括核桃脱青皮工艺技术与设备、核桃烘干工艺技术与设备、核桃剥壳工艺技术与设备、核桃榨油机的研制、核桃食品加工等的开发。这一整套技术的开发为我国核桃加工产业发展提供了方案，使核桃加工业发展先进产能、淘汰落后产能成为可能。设计院开发的工艺技术成果可以使核桃加工技术水平规模化、机械化、资源利用合理化，为核桃加工环节降低了成本，使核桃油更接近食用油市场的价格要求。这为核桃产业打通整个产业链，为种植、加工、市场协调发展提供了解决方案。

总之，通过调研得知，第一，核桃价格下降较快，要避免持续下跌，防止跌破核桃种植的盈亏平衡点，防止伤及种植业，防止破坏好不容易发展起来的大量种植核桃的良好局面。第二，合理下跌有利于加工业发展，有利于扩大核桃产品的消费量。使核桃产业在大量种植之后形成供给与消费的新平衡。第三，核桃加工产业急切需要形成先进加工产能，才能化解可能出现的风险，解决目前核桃产业存在的问题。

董雅娟

建议放宽涉农企业上市条件

> 农业产业的发展需要大量流动资金的支撑,需要资本市场规范化的引导。建议放宽涉农企业上市审核条件,充分借助资本的力量,加快深入推进农业供给侧结构性改革,促进优势农产品产业快速发展;加快农业提质增效,提高农产品的市场竞争力,带动农民增收,促进农业增绿。

* * *

在2017年"两会"中青岛农业大学教授、山东布莱凯特黑牛科技股份有限公司董事长董雅娟带了三个建议上会,其中一个是关于"放宽涉农企业上市审核条件"的建议。

董雅娟表示,截至2016年第4季度,全国上市公司合计3034家,其中农业类上市公司仅46家,占1.52%。"这与我国当前加快深入推进农业供给侧结构性改革,由农业大国向农业强国转变发展不相适应。"

董雅娟表示,我国农业产业化20余年来发展迅速,2015年全国各类产业化经营组织达到28万多个,其中各级龙头企业11万多家,全国龙头企业年销售收入达5.7万亿元,所提供的农产品及加工制品占全国市场供应量的1/3。"农业企业已经成为带动农业产业发展的引擎和动力源。"

董雅娟称,2015年"中国企业500强"中,大农业企业有15家,占3%。其中,排名前两位的是国有企业——中粮集团和北大荒集团。2016年中国企业500强,大农业企业有46家,占9.2%,增幅较大。但是,我国农业企业整体上规模还不够大,实力还不够强。

数据显示,截至2016年第4季度,全国上市公司合计3034家。其中,农业类上市公司仅46家，占1.52%；制造业中的农副食品加工业38家、食品制造业37家；涉农类（不包含茶类）上市公司合计121家，占3.99%。

"这与我国当前加快深入推进农业供给侧结构性改革，由农业大国向农业强国转变发展不相适应。"董雅娟说，农业产业的发展需要大量流动资金的支撑，需要资本市场规范化的引导。建议放宽涉农企业上市审核条件，充分借助资本的力量，加快深入推进农业供给侧结构性改革，促进优势农产品产业快速发展；加快农业提质增效，提高农产品的市场竞争力，带动农民增收，促进农业增绿。破解"三农"发展的资金瓶颈制约，加快培育农业农村发展新动能。

对此她建议：

一、放宽对涉农企业销售收入和利润指标上市审核条件的要求。"放宽对这两个财务指标的硬性要求，不仅可以促使涉农企业生产经营更加规范，并且能够切实反映出企业生产经营的真实情况。"

二、着重审核涉农企业的生产经营管理过程、标准、规范，经营资质条件等要求。

三、着重审核涉农企业生产提供主营产品的质量水平、产量、食品安全和市场竞争力方面的条件要求。

四、着重审核涉农企业上市募集资金的投向条件要求。避免有些涉农企业上市后，把资金投向非农类发展方向，影响涉农优势产业规模化快速发展，从而影响加快农业供给侧结构性改革推进步伐。

五、着重审核涉农企业带动农民增收、农村劳动力就业、发展绿色农业的条件要求。

刘翔浩

推出特色油料作物种植补贴势在必行

近年来,茶油的价格甚至超过了号称"油中之王"的橄榄油,可谓发展前景无限。然而,目前以茶油为代表的特色油料作物却面临难以为继的窘境,由于多方面原因,愿意种植茶油的农户不断减少。为此,建议"相关部门推出特色油料作物种植补贴"政策,希望能够助推产业发展。

* * *

湖南是油茶种植大省,近年来,茶油为消费者所青睐,其价格甚至超过了号称"油中之王"的橄榄油,可谓发展前景无限。然而,目前以油茶为代表的特色油料作物却面临难以为继的窘境,全国人大代表、湖南新金浩油茶股份有限公司董事长刘翔浩在接受采访时表示,由于多方面原因,愿意种植油茶的农户不断减少。为此,他提议"相关部门推出特色油料作物种植补贴"政策,希望能够助推产业发展。

刘翔浩表示:尤其是作为全国第一油茶大省的湖南,不仅有着传统的油茶种植习惯,而且优质的土壤、气候和环境也非常有利于油茶的种植和生长;油茶不与粮争地,符合国家农业产业发展政策,发展前景非常喜人。每年跟种植大户、合作社还有加工工厂进行多次座谈、沟通,发现这个产业一直做不起来,最大瓶颈就是资金问题。

农民现在虽然富裕了,但资金存量仍不足。一个种植大户大概种80~100亩,这是一个标准单位。每亩成本大概是8000~10000元,100亩大概要80万~100万元的成本,作为一个农民,要筹集这么一大笔钱,还是有些困难。

另外,就算他能够筹集到这么多资金,油茶种植时间长,要5~8年才丰产,这期间他没有收入来源。

尽管油茶种植前景广阔,但从湖南省油茶行业的现状来看,目前的情况不是很乐观。刘翔浩坦言:由于油茶产业发展周期长、投入大、见效慢,加上资金压力方面的原因,山区农民和相关龙头企业对油茶基地建设的积极性不高,制约了油茶产业的整体发展。

为此,刘翔浩建议,国家要加大对油茶产业的扶持——把油茶产业作为"精准扶贫"项目,在投入当中建议国家以三三四的模式,即30%农民自己出,30%政府补贴,40%由银行贷款,以这个模式来做这个事。

"首先,需要做好维护原有种植面积的工作。"刘翔浩介绍,以湖南地区为例,现在很多地方的油茶树还是三四十年前的老茶树,且没有得到良好的培育,每亩油茶出油率在15~20公斤。而现有的良种和良好的培育能够使出油率提升到40公斤左右。"但是由于维护费用的问题,很多种植户还抱着'天生天养'的想法。如果国家能对种植户针对原种植面积的维护更新推出补贴,那么能够激发很多种植户的种植热情,提升原油供给率。"

另一方面,要大力鼓励新建扩建油茶种植基地,采取油茶生产企业、当地农民、当地政府三方联合的有机合作模式,推行政府补贴、优惠政策与低息银行贷款同步推进的金融刺激政策,采用新技术、新方法做好油茶生产和维护工作。这样既能够帮助当地农民就地置业、脱贫致富,同时也能稳定茶油企业的原材料供给,有效提升原材料品质的同时降低生产成本,将更高品质、更低价格的食用油带给千家万户。

孙 忠

30万吨走私大米入境折射监管漏洞

> 国内外价差巨大,商人重利固然是进口大米迅速增加的主要原因。但是,如果我们的管理更到位、措施更有针对性,进口大米对国内大米市场造成的负面冲击会不会要小一些?因此,笔者建议:根据国内市场供求状况,科学制定大米进口数量计划。由相关企业代表政府统一进口后,进入国家储备专仓专储。

* * *

海关总署2017年6月12日通报,多地海关当日开展打击大米走私集中收网行动,一举捣毁27个涉嫌走私大米团伙。

初估涉案走私大米约30万吨,案值约12.5亿元。

那么,这30万吨大米究竟是什么概念?数额之大,令人吃惊。30万吨大米相当于去年我国大米进口总量356.2万吨的8.4%,相当于澳大利亚大米年产量的67%或湖南省长沙县全年大米的总产量。

按一个货运火车皮60吨计算,30万吨大米需要5000个火车皮才能装得下。

走私时间之久,令人吃惊。经初步查证,上述走私团伙自2014年以来,在缅甸、越南采购大米后,经云南、广西边境非设关地偷运走私入境,再改换国内包装,通过公路运输等方式运往内地多地牟利。

假如这30万吨大米成功走私,原本要销往内地,那么,内地大米何去何从?农民种植的粮食该往哪里去?因此,"大惊"之后,还有以下问题值得思考:走私大米除了在边境地区销售以外,为什么能迂回到达武汉、重庆、西安、长沙等地？除了进一步加强边境监管，严把国门第一道关以外，在内地有关地区，是不是应该加强常态化监管力度？打击走私，固然是海关的主要职责，但与之相关的工商、商务等部门，能否在职能范围内主动出击？直到2010年我国还是稻米净出口国，当年净出口稻米23.18万吨。随着国内外稻米价差的扩大，我国于2011年开始转为稻米净进口国，当年合法净进口稻米8.21万吨，2012年开始更是骤增至208.94万吨。从此以后，我国合法进口稻米数量逐年增加，加上边贸和部分走私，冲击了国产大米市场，增加了我国粮食市场"高仓满储"压力和财政负担。

国内外价差巨大，商人重利固然是进口大米迅速增加的主要原因。但是，如果我们的管理更到位、措施更有针对性，进口大米对国内大米市场造成的负面冲击会不会要小一些？因此，笔者建议：根据国内市场供求状况，政府科学制定大米进口数量计划。由相关企业代表政府统一进口后，进入国家储备专仓专储。不得以低价形式直接进入市场，避免直接对国内市场造成冲击。

根据国内大米市场供求状况，政府将该批进口额度分割成若干标的，通过制定合理的拍卖底价，以竞标方式批发给出价最高的分销商。由此，不仅参照国内大米市场提高了成本与价格，而且差价盈余部分利润上交国家财政。零售商从分销商处采购进口大米投放市场时，还要再加上预期利润，再次提高价格，可以避免国内外大米价差过大而对国产大米造成冲击。

对于进口大米的去向，要求使用企业建立出入台账，便于管理部门跟踪监管。

如果要将进口米与国产米进行掺兑生产成品大米出售，参考食品生产标签管理规定，要求企业在包装上注明掺兑大米的来源国、掺兑比例等，这样有利于保障纯生产国产大米的粮食企业与之公平竞争，同时维护消费者的知情权和相关利益。

中国粮油书系第二卷之
百家说粮

行业前瞻

Hangye qianzhan

白美清

培育建设中国式国际大粮商

> 形势的发展迫切需要培育我们自己的国际大粮商,自己的"优秀品牌""百年老店"。培育和建设中国式的国际大粮商,是个系统工程,是百年树人的大事。我们的新型粮商,必须是德才兼备,能驾驭千军万马,运筹亿万资产,驰骋世界粮食商场的能手,能把握商机、胸怀大局、苦干实干的专家。

* * *

2017年8月2日,中国粮食行业协会举行的五届五次理事会议暨五届五次常务理事会议,是协会完成脱钩改革后举行首次重要会议,标志着协会进入深化改革、企业家办会的新时代。中国粮食行业协会原会长白美清到会并发表讲话,勉励全行业共同努力,构建起保障国家粮食安全的钢铁长城,并在国际化、全球化的大背景下培育出创新立业的粮食队伍。

白美清指出,改革开放以来,我国粮食工作发生了翻天覆地的重大变化。粮食生产连续上了四亿吨、五亿吨、六亿吨三大台阶,相比1978年全国粮食总产翻了一番,结束了"低标准,瓜菜代",吃"节接粮"的历史。

目前,在粮食流通上,顺利地实现了从统购统销、票证经济,向社会主义市场经济的过渡,建立起以专项粮食储备制度为基石的国家粮食安全体系和应急保障机制。

粮食市场供应充足,国内外优质产品云集,市场空前繁荣,人民深受其益,可以说是粮食史上的黄金时期。

随着粮食工作进入了一个新的发展期、转折期,粮食的安全、生产与供应将面临新的难点、新的考验。

历史表明，在粮食大丰收之后，将会出现周期性波动，粮食生产经历一段调整期、下降期，然后复苏上升。

"一会儿粮多，一会儿粮少；一会儿买难，一会儿卖难；一会儿五谷盈仓，一会儿库存见底。做粮食工作，一定要居安思危，处丰虑歉，心中有数，工作落实，措施得当，不可疏忽于一时，定要做到万无一失，方能稳坐钓鱼台。"白美清说。

白美清认为，面对国际、国内粮食形势的复杂局面，今后要继续维护好国家的粮食安全，抓好粮食和农业队伍的培育，特别是要抓好培育新型职业农民和新型国际粮商两件大事。

"形势的发展迫切需要培育我们自己的国际大粮商，自己的'优秀品牌''百年老店'，进一步把粮食企业做强、做精、做实、做大。在华夏大地上，要拥有国际知名的大米厂、大面粉厂、大油脂厂、大饲料厂、大食品厂。现今国际大粮商有 A、B、C、D，我们也应建设具有中国特色的新型国际大粮商甲、乙、丙、丁，进入中国企业五百强、世界企业五百强之列。"白美清在讲话中指出。

培育和建设中国式的国际大粮商，是个系统工程，是百年树人的大事。新时期的粮食队伍中，还应拥有大批技术精湛、品德高尚的能工巧匠，这样才能在国际粮食市场中保持应有的地位和话语权，立于不败之地。

白美清认为，我们的新型粮商，必须是德才兼备，能驾驭千军万马，运筹亿万资产，驰骋世界粮食商场的能手，能把握商机、胸怀大局、苦干实干的专家。

"特别要强调继承和发挥粮食系统优良传统、优良作风，树立坚定理想信念，为解决人民的吃饭问题而奋斗终身。中国的儒商，历来就有'取之以道，用之以德'的好传统；中国的粮食界，从起步开始就视粮食行业为'良心行业'，视粮食人为'有良心之人'，尊法、厚德、尚智、为民。"白美清特别指出。

党国英

进口压力越来越大 我国农业竞争力待提升

> 近年来，我国谷物已连年出现净进口，其中某些品种的进口数量已超过低关税配额。如果国内主要谷物的价格继续提高约60%，即使按照配额外关税标准，谷物的到岸价格也会低于国内价格，进口的压力将越来越大。这个趋势若得不到遏制，谷物增产将遇到"天花板"。

* * *

农业竞争力弱是我国农业现代化的核心问题。在进一步扩大对外开放的条件下，推动我国农业深度参与国际分工，殊非易事。

近年来，我国农产品价格在国际比较中已显示劣势，谷物已连年出现净进口，其中某些品种的进口数量已超过低关税配额。如果国内主要谷物的价格继续提高约60%，即使按照配额外关税标准，谷物的到岸价格也会低于国内价格，进口的压力将越来越大。这个趋势若得不到遏制，谷物增产将遇到"天花板"，价格提高将很难刺激国内产量的提高，财政补贴将有可能让进口商享受。

造成我国农业比较优势差的原因，一是农产品生产的劳动成本比较高。我国谷物生产中劳动生产率平均水平约为美国的1%；按实际劳动时间折算，这个数值也不超过5%。二是我国农业的技术模式内含了高成本因素。欧美的谷物生产一般为雨润农业，而在我国主产区的谷物生产中，灌溉因素占劳动总成本的30%左右。三是我国农业的化肥、农药等流动性投入也比较大。四是我国农业科技成果转化率只有40%左右，远低于发达国家80%以上的水平。

认清挑战的同时必须紧抓机遇。

我国降低人力成本的空间很大。据笔者大略计算，如果我国全部农户数量减少到3000万户以下，其中谷物生产农户降低到1000万户左右，则我国劳动生产率将接近发达国家水平。我国土地产出效率提高的空间还很大，如果我国播种17亿亩谷物，每亩产出500公斤，大体达到美国旱作农业的产出水平，即可产出8.5亿吨的谷物。

资源是制度与技术的函数，只要我们下大力气深化改革，提高农业的技术水平，我国农业的国际比较优势是可以形成的。

其一，深化农村产权改革，提高土地要素的市场化程度。土地产权明晰是土地流转的前提，也是促进农业规模化经营水平的制度保障。

其二，增强耕地保护效力，提高耕地品质。保护18亿亩耕地红线根本不影响城镇化，关键是要有合理的土地利用规划。今后可以考虑将基本农田政策升级为农业保护区政策，对农区土地实行大范围连片保护，严格土地用途管理。同时，改变农业技术模式，大力发展雨润农业。

其三，大力发展家庭农场与农民合作社，提升农业产业组织效率。从我国现实出发，要限制城市资本圈地搞大农场，尽可能在现有农民中间培育家庭农场主。

其四，调整财政支农方式，提高支农效率。支农项目必须清理、缩减，提高支农资金使用的透明度，坚决给一部分寄生在国家支农体制上的企业"断奶"。

李 周

重视农业"三非"问题 鼓励适度规模经营

  由于非农化、非粮化、非效率化这三个因素将长期存在，如何应对农业竞争力下降，是中国农业必须面对的一个挑战。通过耕地使用权流转，推进农业规模经营，是提高中国农业竞争力和分享规模经济的关键举措。当前农民进入城市和非农产业的障碍尚未完全消除，也制约了农村的土地流转。

* * *

  中国社会科学院农村发展研究所所长李周2014年2月9日在北京表示，应高度重视农业改革与发展中出现的"非农化、非粮化、非效率化"的问题，通过深化农村改革，应对挑战。

  非农化。耕地除了在城镇化过程中被转换为非农用地外，还存在公司以发展现代农业的名义租用农地，再以各种方式将其转为非农地的倾向。

  非粮化。在比较利益和居民膳食结构改善的拉动下，生产蔬菜、水果、花卉等高附加价值农产品的耕地不断增多，生产畜禽水产品占用的耕地也不断增多。种植结构和农业生产结构调整提高了农业效益和农民收入，但对谷物生产有负面影响。

  非效率化。在撂荒土地村集体有权利收回的制度安排下，出现了只关注产权而不关注效率的农业生产行为。

  "耕作强度降低成为常态的挑战。"李周说，传统农业追求产量最大化，现代农业追求利润最大化。追求收入最大化是同边际产出小于边际投入的这部分投入的消失相联系的，是同复种指数下降相联系的。

李周说，近些年来，中国农产品净进口趋于上升，不仅土地密集型产品——大豆大量进口，玉米进口量趋于增加，稻谷、棉花等劳动密集型农产品的进口量也在增加。他分析说，中国农业竞争力下降有一系列原因。一是农业劳动力成本不断提高。2004年，水稻、小麦、玉米亩均用工成本分别为171.44元、111.84元和140.49元；到2010年，分别上升到266.58元、178.83元和235.10元。二是土地成本不断提高。平均每公顷农田的年转包费已经增加到9000~12000元。三是其他要素成本增加。

"由于这三个因素都将长期存在，所以，如何应对农业竞争力下降，是中国农业必须面对的一个挑战。"李周说，通过耕地使用权流转，推进农业规模经营，是提高中国农业竞争力和分享规模经济的关键举措。但是，目前农民进入城市和非农产业的障碍尚未完全消除，也制约了农村土地流转。

李周认为，应鼓励经营权流向专业大户、家庭农场、农民合作社、农业企业，发展多种形式的规模经营。经营权向专业大户、家庭农场、农民合作社、农业企业流转，必须坚持依法自愿有偿原则，确保不损害农民利益、不改变土地用途、不破坏农业综合生产能力。

"当前的主要问题不是没人种地，而是愿意放弃种地营生的农户不多。"李周认为，如果把农户收入和生活水平不低于非农户所需的农地经营面积，定义为适度规模的门槛，那么要提高农业对农民的吸引力，就必须让更多的农业经营主体的经营规模跨过适度规模的门槛。

刘 石

解决粮食安全问题不能全靠"补贴"

> 农业补贴是"扶贫"和"输血",还是属于"头痛医头、脚痛医脚"的下策,并没有能够从根本上解决农业自身生存与发展的能力,没有能够解决农业产业自身的"造血"机制问题。这是全世界都面临的普遍性问题。要从根本上解决我国农业发展的问题,则需要正本清源,从体制和机制上解决。

* * *

"粮食安全"一直是世界各国和各地区执政集团所关心的问题之一。特别是在一些耕地资源有限、人口众多的国家,无论其经济状况发达还是落后,粮食安全都是其核心国策。

发展农业和提高粮食安全能力是靠补贴还是靠理顺粮食生产的政策与经济关系,这是非常值得商榷的。在国际上,各国关于"粮食安全"比较一致的理解是:如何能够充分利用本国资源和科技水平,在一定时期内生产足够的粮食,满足人们对于不断增长的粮食需求和社会经济发展的需要。

而所谓"泛粮食安全"则是指与小麦、水稻等主要粮食作物密切相关,对主粮有一定补充和替代作用,但又与主粮作物竞争同类型资源的其他农作物的生产能力。它包括饲料以及油料、棉花、小杂粮等作物,这是一个比粮食安全更加广义和更加延伸的概念。

各个国家之间农业产业发展水平不同,各个国家和地区内各个行业发展程度的差异实质上是科技水平、生产效率和社会资源分配与利用能力的竞争。因此,农业生产的科技含量、农业产业的经济效益、农业产业化的发展程度在粮食生产、粮食安全和泛粮食安全上起着更重要的作用。

从美国20世纪30年代大萧条之后的"罗斯福新政"所采取的一系列政策开始，农业补贴成了世界各国解决农业和相关社会问题的首选措施。

但是，很多人都忽略了"罗斯福新政"更核心的思路和措施，是通过强行削减农业生产的产能和主动限制产量，使得农业产业的发展从盲目的产量追求和产能扩大，转变为经济效益、投入产出比和种植者收入提高的追求，从而从根本上扭转农业发展的颓势。

农业补贴是"扶贫"和"输血"，还是属于"头痛医头、脚痛医脚"的下策，并没有能够从根本上解决农业自身生存与发展的能力，没有能够解决农业产业自身的"造血"机制问题。这是全世界都面临的普遍性问题。

要从根本上解决我国农业发展的问题，则需要正本清源，从体制和机制上解决。

一要解决农业生产的土地所有权、承包权和使用权分离的问题，从根本上消除农业长期可持续发展的障碍。二要以从事农业生产的耕地价值和劳动力价值回归为契机，消除长期以来压在农业产业发展头上的工农业产品价值交换的"剪刀差"问题，让粮食生产者能够得到合理的回报。三要消除粮食定价机制种种隐形的限制，使得农产品和粮食价格回归合理。四要解决农民在卫生、医疗、退休、失业保险等方面的社会待遇问题。

如果能够解决以上问题，中国的农业产业和粮食生产能力将得到极大的提高，社会资金和优秀人才将会源源不断地涌入农业产业。这样，无论是"粮食安全"还是"泛粮食安全"的问题都会得到根本性的解决。

金三林

城镇化加剧供需矛盾　破局应树新粮安观

> 随着中国加快推进城镇化，越来越多的人口从农村转移到城市，金三林说，进城务工农民以青壮年为主，主要集中在制造业、建筑业等劳动强度较高的行业就业，其粮食消费水平要高于城镇居民。在农民变市民的过程中，以谷物为主的食物消费结构变成以动物蛋白为主，导致同等热量摄入的情况下，动物蛋白的生产中对粮食需求的增加。

* * *

2014年3月25日举行的"中国：推进高效、包容、可持续的城镇化"国际研讨会上，国务院发展研究中心农村经济研究部研究员金三林认为，城镇化将增加中国的粮食需求，并对粮食供给产生挑战，因此，中国要树立新的粮食安全观，调整粮食安全的目标和战略。

随着中国加快推进城镇化，越来越多的人口从农村转移到城市，金三林说，进城务工农民以青壮年为主，主要集中在制造业、建筑业等劳动强度较高的行业就业，其粮食消费水平要高于城镇居民。在农民变市民的过程中，以谷物为主的食物消费结构变成以动物蛋白为主，导致同等热量摄入的情况下，动物蛋白的生产中粮食需求的增加。同时，随着城镇居民收入的增长，在外饮食明显增长，增加了社会高蛋白消费量，增加了对粮食的需求。

金三林说，城镇化对中国粮食安全的要求更广泛，除了数量上的增加，还有价格上的可获得性和质量上的问题。

这种影响大概有多大？金三林说，未来我国粮食结构性的缺口越来大，省域粮食供求的差异越来越大，生产和消费都越来越集中，中国的流通体系面临挑战。"我们采用中国比较主流的3种模型进行预测，到2020年中国粮食总消费量为6.3亿～6.7亿吨，自给率下降85%左右。"虽然大米、小麦等口粮还将保持95%以上的自给率，但油料等粮食品种的进口将大幅增长。

除此之外，城镇化对粮食生产的影响，还有对耕地、农业劳动力、农业用水数量的侵占；还有质量的下降，包括水的污染、土壤的污染和农业劳动力素质的下降等。

作为一个近14亿人口大国，中国应立足国内，保障食物基本自给。但随着资源环境的约束日益增加，不可能也没必要在所有的食物品种上都要保持很高的自给率。金三林建议，应确保口粮绝对自给，谷物基本自给，非谷物更多依靠国际市场。同时，应更加关注粮食质量安全和农业的可持续发展，更加有效地利用国际市场和海外的农业资源，建立高效、开放和可持续的粮食安全保障体系。

"高效，就是要深化体制改革，提高粮食生产效率和流通效率，提高粮食支持政策的效率，平衡好发挥市场机制作用与政府干预的关系。开放，就是要鼓励中国农业企业'走出去'，加强农业技术合作，建立长期稳定的贸易渠道，并让世界对中国粮食供求有一个清晰而稳定的预期，平衡好利用国际资源与实现合作共赢的关系。可持续，就是要发展资源节约、生态友好型农业，让生态脆弱和污染严重的土地休养生息，在资源环境可承载的范围内来挖掘粮食生产潜力，平衡好增加粮食产量与保证农业生态安全的关系。"金三林说。

金三林建议，为提高中国粮食安全保障能力，需要改革粮食价格形成机制，提高粮食补贴政策效率，改革粮食储备和流通体系。

姜长云

支持新型农业经营主体要有新思路

随着土地规模经营不断发展,以家庭农场、农民合作社等为代表的新型农业经营主体蓬勃涌现,但也出现农业生产经营风险明显增大、经营管理技术与水平偏低、现有农业生产性服务体系不适应性迅速凸显等诸多问题。当前和今后一个时期,支持新型农业经营主体发展需要有新思路和新突破。

* * *

近年来,随着土地规模经营不断发展,以专业大户、家庭农场、农民合作社等为代表的新型农业经营主体在各地蓬勃涌现,为创新新型农业经营体制奠定了坚实基础。但在实际调查中发现,目前这些农业经营主体在发展过程中出现农业生产经营风险明显增大、经营管理技术与水平偏低、现有农业生产性服务体系不适应性迅速凸显等诸多问题。

当前和今后一个时期,支持新型农业经营主体发展需要有新思路和新突破。

第一,加强和创新对新型农业经营主体的政策支持,增强其抗风险能力和可持续发展能力。要从构建新型农业经营体系和推进农业发展方式转变的战略高度,加强和创新对新型农业经营主体发展的政策支持,并将其同引导新型农业经营主体增强抗风险能力和可持续发展能力结合起来。

尤应结合支持区域优势特色产业,以支持新型农业经营主体发挥示范带动作用为重点,加强多方面的支持。比如,加强对农业基础设施建设的支持,帮助新型农业经营主体增强抵御自然风险和强化食品安全的能力;

引导新型农业经营主体加强联合和合作，开展品牌创建、基地或产品认证等。

第二，创新对新型农业经营主体的补贴方式，加强对农业的生产性服务补贴和保险补贴。为支持农业生产性服务业创新发展，建议实行农业生产性服务补贴制度。如通过对新型农业经营主体发放农业生产性服务消费券等方式，支持市场化的农业服务组织培育市场，引导农户或新型农业经营主体使用市场化、社会化的农业生产性服务。

值得注意的是，就新型农业经营主体的需求而论，未来对农业生产性服务需求的重点和主要增长点应该是市场化的农业生产性服务。因此，今后在继续实施现行农业生产性服务补贴政策的同时，应加大对市场化农业生产性服务起步阶段的支持，引导其增强自我发展和可持续发展能力。建议今后进一步加大农业生产性服务补贴政策的实施力度，在增加投入的同时，结合开展相关服务消费示范活动，加大农业生产性服务补贴向新型农业经营主体的倾斜力度。通过发挥新型农业经营主体在农业生产性服务消费方面的示范带动作用，增强新型农业经营主体对普通农户转变农业发展方式的辐射带动功能。

与此同时，顺应农村土地流转的潮流，农户土地承包权与土地经营权分离已是大势所趋。加强对土地经营权的保护，是促进新型农业经营主体可持续发展的客观要求。在这一过程中，要加强对农业经营权保护的立法，明确对新型农业经营主体的支持重点，从而更好地引导其保护自身的权益。

吴文军

"新常态"下发展农业　用足用好市场化手段

  2014年以来，以增长速度放缓为外在表现的中国经济"新常态"成为舆论的焦点之一。中国经济"新常态"要落地到具体的细分行业，才更有针对性和启发意义。从农业而言，就是要用好用足政策红利，让农业按照市场化的手段引进资金、技术和人才，调整财政和信贷资金的投入模式，提高农业发展效率，探索支农惠农的新手段。

* * *

  2014年以来，以增长速度放缓为外在表现的中国经济"新常态"成为舆论的焦点之一。在中国农业产业发展基金董事长吴文军看来，"新常态"要落地到具体的细分行业，才更有针对性和启发意义。从农业而言，就是要用好用足政策红利，让农业按照市场化的手段引进资金、技术和人才，调整财政和信贷资金的投入模式，提高农业发展效率，探索支农惠农的新手段。

  自2004年开始，中央连续11年发布以"三农"为主题的中央一号文件，凸显了对"三农"问题的高度重视。

  "但是仅仅靠政策补贴还不能完全调动农民的积极性，他出去打工一个月挣的钱可能就超过种一年地的收入。"吴文军说。

  传统的国家财政对农业的投入模式粗放，缺少跟踪、监管，效益很低。

  "十几万亿的财政信贷投入往往只有几万亿的产出"，吴文军认为，应该更多地采用市场经济的做法，而不是单纯的补贴。

  十八届三中全会后，中央明确提出建立城乡统一的建设用地市场，允许农村集体经营性建设用地出让、租赁、入股,实行与国有土地同等入市、同权同价,并进一步改革完善农村宅基地制度,赋予农民更多财产性权利。一时间,农村户口成了"香饽饽"。

吴文军认为,这说明了农民守着地不愿意失去的心态,"如果让他发自内心地想当农民,就不是仅仅守着一块地的问题,而是要把种地作为一个赚钱的行当"。然而,在经济形势恶化,企业普遍融资难、融资贵的情况下,如何将资本引入农业领域,需要不断地进行探索和创新,因为农业的高风险、低回报导致传统模式下银行、信托等资金更不愿意进入这一领域。

吴文军以中国农业产业发展基金举例说,像这样的股权投资基金机构全国有上万个,每家都掌握着几亿到十几亿不等的资金,民间资本的规模不容小觑。政府财政资金关键是要发挥四两拨千斤的作用,撬动和引领更多的民间资本进入农业领域。

可以说,这也是中国农业产业发展基金正在探索的信贷资金支农新模式。中国农业产业发展基金设立于2013年,当年从532家企业中筛选了9家,总计投资15亿多元。仅1年的时间,这9家企业的销售收入即同比增长18.55%,利润同比增长54.45%。

吴文军将这个不错的成绩归功于政策性优势加市场化手段,包括国家对"三农"的大力扶持、对企业的多轮调研、涉农金融工具的叠加使用,以及后期的技术支撑等。

对于农业产业未来的发展,吴文军很看好。他认为,除了体制和机制优势外,我国农业还存在行业优势,在当前工业领域基本上找不到不过剩产品的情况下,农业领域尽管存在价格波动,但仍将长期处于供不应求的状态。

温铁军

粮食金融化挑战中国粮食安全

> 历史数据表明,粮价越是剧烈波动就越是与供求无关,而是与金融资本相关。2000年以来,金融和能源属性成为影响粮食价格的主要方面,金融因素、能源因素对影响国际粮价波动的解释程度高达98.08%。当前,全球粮食金融化现象日益显现,而这也给中国粮食安全带来了挑战。

* * *

伴随着产业资本向金融资本的转化,以美元计价的大宗商品粮食也逐渐金融化,粮食市场越来越受到金融市场的影响。全球粮食金融化也给中国粮食安全带来了挑战。

历史数据表明,粮价越是剧烈波动就越是与供求无关。那么,是什么原因造成了粮食价格的大幅波动?是金融资本。2000年以来,金融和能源属性成为影响粮食价格的主要方面,金融因素、能源因素对影响国际粮价波动的解释程度高达98.08%。

当前,全球粮食金融化现象日益显现,而这也给中国粮食安全带来了挑战。

第一,粮食价格脱离供求基本面,定价权旁落于金融国家之跨国公司操作信息与期货。

第二,粮食生产者、消费者和地方政府都不承担安全责任,在粮价高企导致低收入阶层生存条件恶化的同时,市民作为消费主体缺乏社会组织创新条件,粮食文化方面被"消费主义"全面掌控,节约传统被抛弃,致使食物浪费恶性循环地刺激政府补贴化肥、农药和机械等投入,这不仅加剧资源环境破坏,而且造成把中国粮食安全更多依赖外部市场的政策诉求和心理预期的现象。

目前,中国粮食安全从量上来看还是有保障的。首先,粮食产量稳定。国内粮食产量长期以来随人口同步增长基本趋势未变,据国家统计局数据,迄今粮食产量已经连续十一年增加。

其次,粮食库存充足。近年来,我国农户储存粮食数量已经达到当年粮食产量的一半左右。

但是要真正实现安全农业的可持续性,还需要再下功夫。小农农业要实现自我循环,几乎只有一个办法:把各种与农村经济相关的产业,装进综合性的大产业,农民才能在其他细分产业领域获取利益,达到社会平均收入。

我认为,这一点可以通过借鉴欧盟或者日韩等国的经验,把小农经济与第三产业相结合,也就是"一产三产化"。比如,欧盟的小农场农业在生态文明的多样性和可持续性上做文章;日韩全面开展购销超市、金融保险、休闲旅游等农村第三产业,都有效地帮助农民实现了增收,这值得借鉴。

总之,我有两点建议:一是抓好综合性合作社建设,加快提高农民组织化程度,以此形成"一产农业三产化(农业与服务业结合)"和综合收益反哺农业的经营方式创新的前提条件。并且,借此创新配合国家财政支持粮食生产的投入。二是大力推进粮食安全的城乡一体化,加深市民参与式"两型农业"的发展,培育市民以理性、节约型消费观替代浪费型消费观。这两者有机结合,则可达到既稳定农民合作社为新经营主体的粮食生产,又保障市民作为消费主体的、多元化社会参与下的国家粮食安全。

郑风田

农业考核应摒弃"唯产量论"

应放弃片面追求农产品产量增长的考核目标。近年来,我国每年在秋收过后就会来一阵子粮食产量多少连增的宣传报道。各地为了产量指标好看,可能会制定产量增产目标来一层层地向下压。农业的考核应该是多样性的,应该考虑产量的增长是以什么样的代价取得的,消耗了多少资源,又导致了多少污染等。

* * *

2014年中央经济工作会议提出要加快转变农业发展方式。稳定粮食和主要农产品产量,增加农民收入一直是农业的重要内容,对于完善农产品价格形成机制、完善土地经营权流转以及职业培训,过去也强调不少。

这次比较新的提法是转变农业发展方式,而且是以总纲的形式提出,这将促使未来农业发展出现一个巨大的转变,就是从过去的片面追求数量增长过渡到数量、质量并重。

那么如何转变农业的发展方式呢?以下几点应该注意。

应该放弃片面追求农产品产量增长的考核目标。近年来我国每年在秋收过后就会来一阵子粮食产量多少连增的宣传报道。各地为了产量指标好看,可能会制定产量增产目标来一层层地向下压。农业的考核应该是多样性的,应该考虑产量的增长是以什么样的代价取得的,消耗了多少资源,又导致了多少污染等。

农业补贴方式应该进行调整。最近十多年我国农业补贴数量大幅度增长,而大部分的补贴其实一直在刺激数量的增长,未来的补贴应该转变思路,从单纯刺激数量增长过渡到激励可持续增长方式。发达国家早已抛弃刺激数量增长的农业补贴方式,而大多是按家庭收入来补贴,也就是对那些收入落后于平均数的家庭进行补贴,以缩小家庭间的收入差距。未来我国的农业补贴也应该朝这个方向调整。

要从粗放型农业过渡到精细型农业,对浪费资源的粗放型农业进行约束。欧盟国家对农业生产有许多严格的规定。比如有一种包衣规定,化肥与农药是不能直接施入土壤的,必须要进行包衣。目前我国农业生产方式极为粗放,比如浇灌基本上是大水漫灌,这使得水资源浪费严重。

制定规划治理面源污染。我国目前化肥施用方式基本上是粗放型,导致每年化肥施用量增长速度远超粮食增长速度,农药也一样。如此,一方面造成资源的浪费,另外土壤中过多残留的农药化肥也造成大量的面源污染。我国已经到了该综合治理面源污染的时候了。

对养殖业应该限制抗生素使用,对种植业限制农药化肥过量施用。长期滥用抗生素的养殖方式会对人类的健康造成负面影响,还有可能产生超级细菌,危及人类生存。我国也应该对此出台严格的规定,对滥用者要严加查处。

大力发展可持续的技术与种植手段,追求节约、可持续的发展方式。

一般有机农业产量相当于化学农业的50%～80%,但其对水、土壤等的正面影响与常规农业相比就不知强多少倍了。目前的统计只认产量,但如果综合产量、投入品、污染及资源可持续利用等因素,有机农业比传统农业不知要好出多少倍。

农业发展方式的转变在目前惯性的思维下还需要漫长的过程,但已启动。相信未来会有越来越多的可持续发展方式与技术涌现出来。

钱克明

现代农业转型要答好几个问题

> 近年来,我国农业发展呈现出一些新的变化,发展方式将进入深度调整期,要通过调结构、转方式,加快推进我国农业由传统农业向现代农业转型升级。具体来讲,要回答好几个问题:粮食安全如何实现?农业效益如何提高?资源利用效率如何提高?农产品安全如何保障?农业政策如何更精准?

* * *

2004年以来,我国粮食生产实现"十一连增",农民增收实现"十一连快",粮食生产能力迈上了6000亿公斤的新台阶。与此同时,我国农业科技进步贡献率达到56%,农作物耕种收综合机械化水平达到59%,农业发展总体上跨入现代农业的门槛。

但随着宏观经济进入新常态,我国农业发展也呈现出一些新的变化,我国农业发展方式将进入深度调整期,要通过调结构、转方式,加快推进我国农业由传统农业向现代农业转型升级,具体来讲,要回答好几个问题:

粮食安全如何实现?粮食安全的关键是能力安全,未来要将我国粮食生产能力稳定在6000亿公斤左右。建议整合各种项目资金,集中力量建设高标准农田,启动实施耕地质量提升行动,将粮食产能落实到田头地块,实现"藏粮于地"。加大绿色增产模式攻关支持力度,集成推广应用综合技术,力争在种业等关键领域取得突破,实现"藏粮于技"。加快新型职业农民培育力度,培育一批专门从事农业生产的农民,实现"藏粮于民"。

农业效益如何提高?引导农民瞄准市场,调整优化农业结构,推动农业生产由生产导向为主转到更加注重消费导向上来，由传统种养为主转到种、养、加、销衔接及一二三产融合发展上来。打造农业全产业链，扩大农产品初加工设施补助范围和规模，大力发展储藏保鲜、分等分级、包装运销等。积极发展休闲农业，拓展农业功能。优化农业生产力布局，提高农业生产与资源环境匹配度。

资源利用效率如何提高？在化肥施用上，重点是推进精准施肥、调整化肥使用结构、改进施肥方式和推进有机肥替代化肥。在农药施用上，重点是控制病虫的发生，用低毒低残留农药替代高毒高残留农药、用高效大中型药械替代低效小型药械、推行精准施药及病虫统防统治。在农膜使用上，要适当提高地膜厚度，制定回收鼓励政策，加大可降解膜研发示范推广力度。深入开展农村生产生活节能，加快建设秸秆收集储运体系。

农产品安全如何保障？发展标准化生产是保障农产品质量安全的治本之策。加快农业标准制、修订步伐，以农兽药残留限量为重点，构建覆盖产地环境、生产过程、加工包装等各环节的标准体系。大力开展"菜篮子"产品标准化生产创建，新建一批蔬菜水果茶叶标准园、畜禽养殖标准化示范场、水产健康养殖标准化示范场。大力发展产业化经营，依托农民专业合作社、龙头企业等新型经营主体和社会化服务，把一家一户的生产纳入标准化轨道。

农业政策如何更精准？政策激励用得好，可以有效引导生产方式转变。加大生态补偿和资源养护投入力度，能引导生产方式向更加节水、节肥、节药、优质、安全、生态、高效的可持续方向转变；增加现代农业发展资金，引导经营方式向规模化、标准化、专业化、组织化、社会化的现代农业方向转变。财政政策上，完善补贴办法，强化金融服务，提高精准性。

朱启臻

农业发展方式转型不要走弯路

> 要实现农业发展方式的转型，必须更新农业发展理念。目前迫切需要防止简单套用工业思维方式对农业发展的干扰，要用符合农业发展规律的生态文明思维指导农业的发展。需要培育新型经营主体，需要科学技术的应用与普及，需要现代设施装备，更需要创新体制机制以适应现代农业的发展规律。

* * *

2015年中央一号文件强调，要努力在转变农业发展方式上寻求新突破。转变农业发展方式是一项系统工程，需要现代发展理念的指导，需要培育新型经营主体，需要科学技术的应用与普及，需要现代设施装备，更需要创新体制机制以适应现代农业的发展规律。

从当前的农业转型实践看，影响农业发展方式转型的障碍和难题，主要表现在三个方面：

一是农业发展理念滞后，突出表现为违反农业发展规律，简单地把工业发展思维机械地移植到农业上，一味崇尚大而洋，片面理解农业规模经营，似乎越大越现代化；大面积承包农民耕地，导致生产成本增加，单位产出效益降低，还出现政府花钱制造规模化荒地的现象，并催生非农化、非粮化现象，这与农业发展转型背道而驰。

二是农业经营主体不清晰，导致政府对农业支持对象不明确，大量支农资金被套取、流失或无效使用。无论理论还是实践，都已证明农民是农业发展的主体，企业、公司只能在其适合的产前、产后领域或产中的服务领域发挥作用。而事实上一些企业混淆自身角色，结果导致企业利益受损，农民长远利益受伤害，国家的农业发展和农业安全受到威胁。

三是错误的土地流转理念和方式。一些地方误解了"赋予农民更多财产权利"的内涵，认为耕地可以成为增加农民财产性收入的手段，于是热衷于促进流转，各种在流转中使农民获得收益的做法被创造出来。结果是流转后的土地不改变用途则难以维持运转，于是就有了非农化现象。

要实现农业发展方式的转型，必须更新农业发展理念。目前迫切需要防止简单套用工业思维方式对农业发展的干扰，要用符合农业发展规律的生态文明思维指导农业的发展。

要实现农业发展方式的转型，必须有明确的农业经营主体。以农户为基础的农业经营模式绝对不能动摇，动摇了它就动摇了农业可持续发展的组织基础。但是需要看到小农户农业存在的问题，而解决农户分散经营的问题，不是以否定家庭经营为前提，而是要遵循农业发展特点，扶持一些农户随着另一些农户放弃土地承包而逐渐成长为具有一定规模的家庭农场。

要实现农业发展方式的转型，必须培育新型职业农民。然而，新型职业农民的培育仅仅有教育和培训是不够的，还需要一系列的社会环境和政策支持。

农业发展方式转变是一项十分复杂的工程。必须更新发展理念、坚持农民主体、不断创新组织形式和农业制度。在发展理念上，要从工业思维转变到生态思维，实现农业的可持续发展；在发展途径上，要从分散的农户经营转变到适度规模的家庭农场，进而实现更大范围的合作与联合；在发展主体上，要从传统农民、兼业农民转型到新型职业农民；在产业形式上，要由单一的生产环节转型到形成完整产业链，实现多种产业的融合，充分发挥农业的多功能地位。

张合成

用紧平衡理念 调控农产品市场

改革开放以来，我国农业市场化的进程实际上是一个"放"的过程，现在要实现真正意义上的现代化还必须加上一个"帮"字。党的十八届三中全会明确提出，要使市场在资源配置中起决定性作用和更好发挥政府作用。政府要"帮"好，"帮"的方式方法要不断学习和改进。

* * *

改革开放以来，我国农业市场化的进程实际上是一个"放"的过程，现在要实现真正意义上的现代化还必须加上一个"帮"字。党的十八届三中全会明确提出，要使市场在资源配置中起决定性作用和更好发挥政府作用。政府要"帮"好，"帮"的方式方法要不断学习和改进。

那么在市场化进程中，应该确立一个什么样的标准来衡量中国特色的农业市场化体系成功与否？笔者认为，这一标准就是"紧平衡"。紧平衡是兼顾生产者和消费者双方利益的一种最佳市场状态，它应是市场化改革的目标。

紧平衡的实质是一种农产品供求关系管理。应该从三个层面来理解紧平衡：

第一层，紧平衡是供求关系的状态。

当前我国农产品特别是粮食的供求关系就是紧平衡状态。粮食的紧平衡要关注两个核心问题，一是实现粮食供需基本平衡，二是防止粮食供应宽松后造成粮价下跌，影响农民种粮积极性。这表明紧平衡首先是一种状态，农产品供给并非越多越好，供略小于需求的紧平衡是最佳的。

第二层，紧平衡是一个技术活。传统意义上，我们一直强调增产，这是短缺模式下的思维方式，而紧平衡则要求转变理念，让市场能够将供求关系自发调节保持在紧平衡状态。

第三层，紧平衡是市场现代化成功与否的衡量标准。紧平衡如何拿捏好分寸取决于我们的水平，也取决于大环境。我们在制定评价指标时要提出一个合理范围，在这个范围内的价格波动都是合理的，而不是说越多越好，单单强调"菜贱伤农，谷贱伤农"是不科学的。

紧平衡是农业市场化要研究的首要问题，特别是在粮食生产"十一连增"的时候，有人说粮食多了，有人说粮食不够；一边是大量的进口，一边是库容不够，这就需要从市场经济管理部门的角度去研究掌握紧平衡管理的办法。

农产品的价格形成机制直接决定着农户的利益，直接决定着农民种植的积极性，也直接决定着农产品的稳定供给。

推进我国农产品价格形成机制改革，必须解决好两个问题：

一是尽快提高农民对价格的谈判能力。首先把农户集中起来，通过规模化、组织化经营，让合作社等集体组织代表农户去谈判。其次是把现有的谈判能力提高，重点提高农户的四种能力："不卖"的能力，即提高农户的窖储能力；"卖"的能力，即提高农产品直销配送能力；信息获取能力，即要建立社会化的农户信息服务体系；品牌创制能力，即有能力基于自己的产品去创制品牌。

二是尽快解决信息不对称问题。首先要解决信息的透明度问题。农民需要三个方面的信息：面积、产量和价格，这三个数字政府可以统计出来，也是农户最需要了解的。其次要解决信息的口径统一问题。口径的统一，解决的是标准统一的问题。

不同的标准、不同的样本采集出来的信息是没法对比的。

三是要解决数据发布的权威性问题。目前，除了不同的市场主体自身采集的信息以外，政府部门的信息也是数出多门，这样的数据不但对市场没有指挥棒的作用，还可能误导市场。

孔祥智

改革创新土地制度 避免落入"小规模陷阱"

> 按照国家统计局的数据,目前我国共有农业经营户1.98亿,按照18.2亿亩耕地计算,每个农业经营户只有9.2亩。这是影响我国农业进一步发展的基础性瓶颈,必须通过制度创新予以破除,否则很有可能导致我国的农业进入像日本、韩国那样的"小规模陷阱"。

* * *

我国农业经过十余年的高速发展后,正在面临新的发展瓶颈,必须找到并努力破除这个瓶颈,才能在新阶段促进农业进一步发展。

第一,对农业的适度支持和保护是我国政府的长期发展战略。自2002年实施良种补贴并逐渐形成以四大补贴为核心的农业补贴体系以来,国家对农业支持和保护的力度逐渐增加,但效率较低。以四大补贴为例,2013年已达1700亿元,总量不小,但折合到18亿亩耕地上,每亩不足100元,每个农户不足1000元,对农民的激励作用很小。

第二,长期以来的托底收购政策导致主要农产品的国内价格高于国际市场价格20%以上,中国的农产品正在失去国际竞争力。

第三,城镇化和消费需求双增长,使得尽管粮食产量"十一连增",农产品进口量还是连年递增。2014年我国农产品进出口贸易逆差为505.8亿美元,比2004年增加了9.9倍。

要解决上述问题,必须破除一系列障碍因素,其中最主要、最基本的障碍因素就是由于人多地少资源禀赋而造成的超小规模经营状态。按照国家统计局的数据,目前我国共有农业经营户1.98亿,按照18.2亿亩耕地计算,每个农业经营户只有9.2亩。这是影响我国农业进一步发展的基础性瓶颈,必须通过制度创新予以破除,否则很有可能导致我国的农业进入像日本、韩国那样的"小规模陷阱"。

改革开放以来,我国土地流转的比例逐年提高,土地流转推进了新型农业经营主体的发育。但在长期内,我国仍会以小规模经营农户为主,中国农业经营的微观基础不会改变。

在这个基本判断下,中国未来农业发展的政策框架应该是:

第一,坚持稳定和不断完善农村基本经营制度,要按照十七届三中全会的要求,"赋予农民更加充分而有保障的土地承包经营权,现有土地承包关系要保持稳定并长久不变",保障农户对土地的合法产权。

第二,按照2014年中央一号文件的要求,"在落实农村土地集体所有权的基础上,稳定农户承包权、放活土地经营权",实现农村土地的"三权分置"。

第三,按照"依法、有偿、自愿"的原则推进农村土地经营权流转,尤其是长期流转。在流转过程中,"不得改变土地集体所有性质,不得改变土地用途,不得损害农民土地承包权益"。

第四,在土地流转的基础上大力发展新型农业经营主体,包括专业大户、家庭农场、农民合作社、农业企业。其中,农民合作社不仅能够连接小农户和大市场,解决那些一家一户农民办不好、办不了、办了不合算的事情,还是连接小农户、专业大户、家庭农场和农业产业化龙头企业的桥梁,在各类新型农业经营主体中居于核心地位。

第五,建立新型农业社会化服务体系。充分发挥公共服务机构作用,加快构建公益性服务与经营性服务相结合、专项服务与综合服务相协调的新型农业社会化服务体系。

何中虎

未来需要什么样的小麦

> 我国小麦生产面临严峻挑战,在气候变化和纹枯病及赤霉病日益加剧的情况下,既要保证较高产量和可接受的品质,还要降低水肥等投入,以提高产业竞争力并保护环境,这在缺水十分突出的黄淮北片显得更为重要。大部分地区应把培育高产、水肥高效、抗病、抗逆、广适性品种作为主要任务。

* * *

近十年来,我国小麦连年丰收,除有利的政策措施、气候因素和改进栽培技术外,新品种在增产中发挥了重要作用,主产麦区普遍实现了1~2次品种更换。近几年小麦生产出现了一些突出问题,对新品种提出了新的和更高的要求。

一是气候变化的影响日益明显,如2013年安徽北部和河南南部在4月中旬出现极端低温,导致至少3000万亩小麦严重减产;2014年5月底至6月初,黄淮麦区连续出现35℃~38℃高温,导致河北、山东及北京周边地区的小麦严重减产,高温逼熟使北京地区小麦熟期提前7~10天。为了适应这一变化,要求新品种在前期发育略慢一些,而在后期具备更快的灌浆速度。

二是病害问题日益严重,赤霉病已成为黄淮麦区最重要的病害,2012年严重发病面积约1.5亿亩,最近三年黄淮局部地区也相当严重;2014年纹枯病在河南普遍发生;出现了致病性强、发展速度很快的条锈病新小种V26;2015年叶锈病在主产麦区相当严重,白粉病和叶锈病在很少发病的新疆也大面积发生。

三是优质和高产节水品种不能满足生产需求。由于普遍重视产量，忽视了品质改良，品质育种有下滑的趋势，导致优质麦种植面积下降；对高产节水品种的选育投资不够，旱地育种力量有所下降。

我国小麦生产面临严峻挑战，在气候变化和纹枯病及赤霉病日益加剧的情况下，既要保证较高产量和可接受的品质，还要降低水肥等投入，以提高产业竞争力并保护环境，这在缺水十分突出的黄淮北片显得更为重要。

另外，主产区所用小麦品种亲本趋于单一，导致新品种的遗传相似性增加，今后育成突破性品种的难度加大。因此，除部分地区继续加强高产、更高产甚至超高产品种培育之外，大部分地区应把培育高产、水肥高效、抗病、抗逆、广适性品种作为主要任务，当然对用于优质面条和馒头及专用面包等品种小麦还要继续重视。

具体来讲，目前应重点做好三个方面的工作。第一，加强抗赤霉病品种的选育。需要说明的是，黄淮麦区应适度扩大小麦与豆类轮作面积，只有同时改进品种抗性与现有耕作制度才能有效减轻赤霉病的危害。第二，尽快培育兼抗条锈病、叶锈病和白粉病的成株抗性新品种，为防止抗性频繁丧失提供技术支撑。第三，加强高产节水及优质品种选育，加强亲本和育成品系品种的系统鉴定至关重要。首先，根据大面积生产表现和系统可靠鉴定，明确高产、水肥高效、抗热及优质等亲本，在此基础上合理配置组合；其次，要尽量扩大产量鉴定和品种比较试验的规模和点次；再次，在高世代材料鉴定中，应及时、大胆地采用一些可用的分子标记，以便为表型鉴定补充有益信息。

经过长期的不懈努力，我国定能培育出一批高产高效广适性新品种，为小麦产业发展作出新的贡献。

马晓河

新常态下粮食安全战略思路需转变

在新形势下,过度生产和超量储备,是一种新的粮食不安全,面对粮食安全隐患,我国粮食安全的战略思路需要转变。建议采取调整国内储备政策,实行目标储备;制定鼓励储备粮食综合生产能力的政策,实行目标收购价格;加快粮食产业体制改革,实行多元化收储体制等措施。

* * *

眼下我国要保证怎样的粮食安全,是保证综合生产能力,还是保证实物产出量?在新形势下,过度生产和超量储备,是一种新的粮食不安全,面对粮食安全隐患,我国粮食安全的战略思路需要转变。

笔者试提出以下几点建议:

一是创新设定粮食安全目标。建议废除传统粮食概念,将粮食中豆类、薯类剔除在外,形成新的粮食概念。新的粮食安全以谷物安全为重点,谷物安全中主要考虑稻谷、小麦、玉米等品种安全。

二是调整国内储备政策,实行目标储备。不是储备的粮食越多越好,要将储备量降低到合理区间,鉴于我国粮食市场发育滞后,流通体制改革迟缓,国大人多,粮食安全储备率可以高些,但储备率最好不要超过当年社会消费量的30%。

三是制定鼓励储备粮食综合生产能力的政策,实行目标收购价格。不要采取越多越好的刺激生产政策,要更多地储备粮食生产能力,并让市场发挥资源配置的决定性作用。建议取消临时收储政策,在国家目标储备30%之内,政府以目标价格从农民手中限量收购粮食,将收购量按比例指标分给种粮农户，这些指标可以在农户之间转让。超过目标储备后，当市场价格低于目标价格时，可以现金形式根据每亩粮食生产量按差价补贴生产者，反之补贴低收入消费者。

四是优化海外农业和农产品进出口政策，推进农业"走出去"战略。在新形势下，保持较高的谷物自给率，并不是说不进口了，而是要置换农业资源，将我们的优势（即劳动密集型）农产品打出去，增强出口竞争力，在减少土地、水资源密集型农产品出口的同时，适当增加这类产品的进口量。同时，在"一带一路"战略下，支持农业走出去，利用海外农业资源生产农产品，为国内服务。

五是加快粮食产业体制改革，实行多元化收储体制。改革国家收储体制，将每年国家收储任务主要由国有企业承担，逐渐过渡到向社会竞争招标，最终实现国有企业与民营企业同等待遇。为此，改革国有收储、加工企业，实行混合所有制改造，吸收国内社会资本参与国有粮食企业改革。鼓励发展粮食领域的民营企业，放宽市场准入条件，简化注册手续，提供政策性金融支持，提高它们的市场竞争力。

六是应该继续加大对农业的投入。投入的目标在以下几个方面：①向高标准农田建设投入，我们现在有10亿亩中低产田，要变成高标准的农田需要1.5万亿元，能不能拿出一些钱投资中低产田改造，形成一批粮食综合生产能力高的高标准农田，这是有战略意义的。②向优质粮种繁育、现代农机装备、病虫害防控、配方施肥、土地污染治理等项目投资，这是民生最需要的。③适度压缩种粮面积，鼓励支持农民调整种植结构，发展高附加值产品，以增加农民收入。可以跟农民签合约，在国家需要的时候再种粮食。

王国军

粮食目标价格保险三种形式或可借鉴

  农业保险的产品创新在我国还有着巨大潜力,特别是在粮食目标价格保险产品的创新方面。借鉴国内外农业保险实践,依据农业保险的承保责任,粮食目标价格保险分为三种形式:其一是粮食价格指数保险,其二是粮食成本价格保险,其三是粮食目标价格收入指数保险。

* * *

  近年来,农业保险产品创新促成了农业保险质的变化,并带动了世界农业保险发展实现了质的飞跃。农业保险产品的创新在20世纪90年代以后逐渐活跃起来,区域产量保险和天气指数保险得到了较大规模的试验和推广,并取得了成功。然后,又进一步开发并推广了价格保险,其突破了保险只保纯粹风险的限制,将价格风险、收入风险,也就是市场风险这类既能带来损失也能带来收益的投机风险纳入了保险责任。

  我国农业保险市场自2007年以来得到了长足发展,走完了发达国家几十年所走过的道路,而农业保险创新也日趋活跃,蔬菜价格指数保险、生猪价格指数保险、农作物天气指数保险等产品的创新层出不穷,为国家的农业发展和粮食安全发挥了越来越多的作用。

  而实际上,农业保险的产品创新在我国还有着巨大潜力,特别是在粮食目标价格保险产品的创新方面。

  在当前粮食目标价格改革规划中,粮食目标价格保险制度最为引人关注。

  粮食目标价格保险的基本操作方式是:商业保险公司设计出应对粮食

市场风险的保险产品，并与投保的农业生产者签订保险合同，当发生保险责任事故时负责定损与理赔工作；政府对商业保险公司提交的保险方案进行审核，并按照政策目标提供一定比例的保费补贴。这里所说的保险责任事故，通常指粮食实际价格低于保险合同中规定的保障价格的情形。粮食目标价格保险可以实现粮食供给中价补分离的政策目标，是用保险市场和保险制度解决问题，既能保证效率，也能保证公平，是粮食最低收购价政策的理想替代品。

借鉴国内外农业保险实践，依据农业保险的承保责任，粮食目标价格保险分为三种形式：

其一是粮食价格指数保险，仅以粮食价格波动造成的风险损失为保险责任，以粮食价格指数为赔付依据的一种农业保险产品，对农业生产经营者因市场价格大幅波动、农产品价格低于预期价格或价格指数造成的损失给予经济赔偿。在这种形式的保险中，理赔时仅根据实际价格指数低于保险人与投保人之间商定的粮食价格指数的差额以及投保的粮食作物面积进行理赔，而不考虑投保人的实际产量。

其二是粮食成本价格保险。农产品成本价格保险可以分为成本价格保险和批发价格保险。前者保险金额的确定是以约定的成本为基础计算的，后者保险金额的确定则是以重点市场前几年加权平均批发单价为基础计算的。

其三是粮食目标价格收入指数保险，是对粮食生产风险和市场风险进行双保障的保险，对因粮食产量降低、价格下跌或产量价格共同变化引起的收入损失提供保障，即当投保人实际粮食收入低于预期收入指数时，投保人获得相应的差额赔偿。

如果粮食目标价格保险能够取代粮食最低收购价格制度，我国的农业保险就将在质和量上实现一次前所未有的巨大跨越。

樊胜根

六措并举助推农业供给侧改革

> 农业供给侧改革在技术方面将会遇到很多挑战,怎么改?改补贴为收入支持,实行制度改革建立更有效的食物生产系统,扩大社会保障,鼓励多边互惠贸易,增加气候适应型、资源节约型农业的投入,支持生产和消费更有营养、更安全的食品这六大措施或可解决。

* * *

2016年3月19日,"2016中国发展高层论坛"在北京开幕。国际食物政策研究所所长樊胜根在出席本届论坛时,对如何进行农业供给侧改革提出了建议。

"农业供给侧改革在技术方面将会遇到很多挑战。"樊胜根表示。

首先是国内外粮食价格的差价,这给国内农业发展和社会进步带来很大的压力。其次是财政对农业的支持问题。过去10年,我国的农业补贴从占GDP的1.4%上升到3.2%,约为2万亿元,是国内农业科研经费的10倍以上。与此同时,中国这种补贴方式带来了环境恶化。

"我们的食物结构会变化,吃得更多更好。"樊胜根介绍,未来10年,中国对农产品需求还会不断上升,高于发达国家和其他发展中国家,这对将来的自然资源形成巨大的压力。

种种挑战都说明,其实是供给侧方面出了问题。怎么改?樊胜根从国际上的经验出发,总结出了6种办法。

首先,改补贴为收入支持。"现在的补贴方式对经济的回报很少,对粮食的回报也在逐渐趋缓。"樊胜根说,补贴的品种主要是水稻、小麦等主粮,而对营养主要来源的蔬菜、水果、豆类,却没有补贴。"所以政策必须要改,能不能把给农民的投入补贴和价格补贴转成收入补贴?"樊胜根希望相关研究和实验能尽快展开。

其次,实行制度改革建立更有效的食物生产系统。两年以前,国际农业领域有一个普遍的想法,就是小农越小越好。但是2016年这个概念受到了挑战。樊胜根说,要么让小农转移出去,要么扩大其规模。土地市场必须发展,还要配套机械化、合作社等。

"另外,扩大社会保障,不仅仅扩大范围,还要扩大深度、广度,真正起到社会保障的作用。"樊胜根认为,现在有些地方土地规模化改革的进展不顺利,农民不愿意放弃土地的原因在于,社会保障对农民来说还不够完善。

第四,鼓励多边互惠贸易。"我们能不能进口需要大量土地和水的农产品,而生产不需要大量水和土地的农产品,并充分利用国际市场的优势。"樊胜根说。

第五,增加气候适应型、资源节约型农业的投入。"生产更多,而用更少的资源,得到更多有营养的摄入。将来的技术必须多赢,赢产量、赢营养,还要对气候变化、对环境有好处。"樊胜根认为。

最后,支持生产和消费更有营养、更安全的食品。这包括加强食品安全监测,增强监测机构的能力和资源;转变补贴方式,投资从主食作物转向更多有营养的食物;采取财政政策引导可持续的、健康的饮食,补贴营养丰富的食品,对不健康的食品征税等。

樊胜根表示,科技政策研究对供给侧改革很重要,要打破不好的政策,以便确保资源使用的效率和有效性。

要为多赢的农业技术创新创造有利环境,例如,效率、包容性、气候适应型、可持续发展、方便营商等,通过反复试验,提出务实、渐进式的改革方案。

涂圣伟

完善农业补贴要"两平衡一协调"

"三项补贴"改革是农业政策的又一次重大调整,事关国家粮食安全和农业可持续发展,要确保改革举措落到实处、产生实效,还需做到"两平衡一协调":一是耕地承包主体和经营主体补贴支持的平衡。二是生产环节和产前产后环节补贴支持的平衡。三是农业生产支持补贴与其他相关政策的协调。

* * *

2016年,我国将全面推开农业"三项补贴"改革,将农业"三项补贴"合并为农业支持保护补贴,变激励性补贴为功能性补贴、覆盖性补贴为环节性补贴,重点支持耕地地力保护和粮食适度规模经营。

全面推开农业"三项补贴"改革,兼顾了保障粮食数量安全、质量安全和生态安全"三大需求",符合产出能力安全优先、质量和效益优先、永续发展优先"三个导向",是供给侧结构性改革在农业生产领域的具体体现。

农业"三项补贴"改革,将政策目标调整为支持耕地地力保护和粮食适度规模经营,抓住了农业实现高质量可持续发展的"主形态"和关键"短板",也给农民发展绿色农业吃了"定心丸"。加强耕地地力保护的支持,增强了农民保护耕地地力的动力,"用养结合"有利于缓解农业支撑要素紧绷、环境透支等问题,促进农业可持续发展。加强粮食适度规模经营的支持,"谁多种粮食,就优先支持谁","种补结合"有利于促进粮食适度规模经营,推动农业规模化、产业化、社会化发展。

"三项补贴"改革是农业政策的又一次重大调整,事关广大农民群众切身利益和农业农村发展大局,事关国家粮食安全和农业可持续发展,要确保改革举措落到实处、产生实效,还需做到"两平衡一协调":

一是耕地承包主体和经营主体补贴支持的平衡。承包地"两权变三权"后,部分耕地的承包主体和经营主体发生分离,拥有耕地承包权的种地农民只是经营主体的一部分,耕地地力补贴对象原则上是拥有耕地承包权的种地农民,如何做到"谁经营谁保护",让实际种粮主体成为真正的耕地保护主体,加大耕地保护投入,减少短期行为,还需要有更多政策上的设计。

二是生产环节和产前产后环节补贴支持的平衡。粮食安全和农产品稳定供应不仅是"产"出来的,也是技术进步、加工转化等共同作用的结果。农业补贴重点要稳定生产、提高产能,对产前产后环节也不能忽视。可以结合推进农村第一、第二、第三产业融合发展,采取贷款贴息、重大技术推广与服务补助等方式,支持农业新型经营主体和服务主体开展农业科研、农产品现代流通等,提升产业链整体效率。

三是农业生产支持补贴与其他相关政策的协调。当前我国农业已经进入高成本、高风险阶段,保障粮食安全面临的问题很多,确保农业生产支持补贴真正发挥实效,需要其他配套政策支持。从过去实践看,由于补贴政策与进口管理等政策不协调,出现过补贴惠农效果受到侵蚀的情况。要加强补贴政策与价格支持、进口管理等政策手段的衔接,形成政策组合效应。

"三项补贴"改革不会是农业支持保护制度调整的休止符,要守住"确保谷物基本自给、口粮绝对安全"的粮食安全战略底线,保持农民持续增收好势头,农业补贴制度改革依然在路上。

王双林

科技创新催化粮食储藏"质变"

我国粮食储藏技术正由传统储粮技术向绿色储粮技术发展,由粗放型仓储管理向精细化仓储管理发展,控温储粮技术、气调储粮技术、信息技术的应用大大提升了粮食储藏技术水平。科学储粮今后的战略目标是要实现高质量、高营养、高效益以及低损耗、低污染、低成本,实现"绿色、生态、和谐"。

* * *

2016年5月17日,中储粮成都粮食储藏科学研究所研究员王双林在"科技列车赤峰行"组织的讲座上表示,信息技术、物联网技术和人工智能,将给粮食仓储行业带来质的改变。

王双林介绍,我国粮食储藏技术正由传统储粮技术向绿色储粮技术发展,由粗放型仓储管理向精细化仓储管理发展,尤其是控温储粮技术、气调储粮技术、信息技术在粮食仓储行业中的应用,大大提升了我国粮食储藏技术水平。随着我国粮食仓储技术不断升级,仓房条件得到极大改善,作业机械化水平显著提高,"四合一"技术全面推广和发展,建立了中国储粮生态系统理论,尤其是在信息技术方面发展迅速。

王双林表示,一套先进的粮食储藏信息系统可在出入库、粮情检测、数量检测、安防系统、集中显示、OA(自动化)办公、业务平台、综合控温、智能通风、智能气调等环节实现信息化管理。在出入库系统中,监管平台可对粮食流通过程进行追溯,利用大数据分析,对特定企业、特定性质粮食的流转情况进行批量分析,及时追踪发现库存管理中异常情况和问题;

人工过磅改为无人值守过磅，自动计量称重数据，保证了数据的准确性和实时性；通过粮食流通轨迹分析，可堵塞转圈粮漏洞；业务操作环节环环相扣，实现风险管控。

粮情测控系统建立起的粮情云中心，包括集温度、湿度（水分）、异物、害虫、气体、霉菌等于一体的多参数粮情检测装备，同时配以基于场论的粮情分析方法和预测预警模型，可实现与主要区域、主要监测点的数据实时共享和综合分析指导。

王双林认为，科学储粮今后的战略目标是要实现高质量、高营养、高效益以及低损耗、低污染、低成本，实现粮食储藏技术的"绿色、生态、和谐"。

他进一步解释，"绿色"是指以低温和气调相结合的粮食绿色储粮技术体系，将为实现"绿色一条龙战略"和"农产品绿色储运战略"提供重要的技术支撑；"生态"是指将整个粮堆作为一个生态系统，以粮库所处的地理位置和环境作为一个大的生态系统来研究，应建立不同生态区域储粮经济运行模式；"和谐"是实现人与自然的和谐。将对环境的污染减少到最低程度，对粮食的污染减少到最小程度，对作业人员的危害降低到最小。

谈到我国未来5～10年粮食储藏技术发展趋势，王双林认为，储粮技术区域化将是我国粮食储藏技术发展的必然趋势。"以生态储粮理论为指导，因地制宜发展粮食储藏技术，建立不同储粮生态区域储粮最佳经济运行模式。比如，北方利用低温储粮，环流均温控制上层粮温，南方将控温与气调储粮结合，通过空调制冷控制上层粮温。"粮食储藏理念也将发生根本性转变，粮食储藏将与粮食加工业紧密结合。"粮食储藏需围绕粮食的最终用途而不同，比如稻谷加工企业用粮的最佳水分是14%～15%，而安全储藏的最佳水分是13.5%，不同目的对粮食储藏的要求就不同。"王双林进一步解释。

钟甫宁

从供给侧推动农业保险创新

为了实现到2020年粮食产能进一步巩固提升、国家粮食安全和重要农产品供给得到有效保障、农民生活达到全面小康水平的目标,需要从供给侧完善和创新农业保险制度。依托商业性保险公司,积极开发适应新型农业经营主体需求的保险品种;以加强对小农户的收入支持为目标进行保险工具创新。

* * *

农业保险是避免自然风险损失、保障农业生产、稳定农民收入的重要手段,其越来越深地融入农业现代化建设中的各个环节,在农村金融体系建设、农业产业结构调整和转型升级中发挥着重要作用。2016年中央一号文件提出,要把农业保险作为支持农业的重要手段,扩大农业保险覆盖面、增加保险品种、提高风险保障水平;"十三五"规划纲要也提出,要创新农村金融服务、完善农业保险制度。

当前,农业农村发展环境发生重大变化,原有保险政策与农业风险管理新需求出现了不匹配,对"三农"的支持效果有所弱化。这主要表现在两个方面:

一是农业保险对小规模农户经营的风险管理作用有限。我国农业保险对规模经营农户的风险管理和收入支持作用较大,因为他们最主要的收入来源是农业生产;对于数量众多的小规模经营农户来说,农业保险的风险管理功能并不明显,因为他们的农业收入占家庭总收入的比例较低,赔偿金额占收入的比例也较低。因此,对绝大多数小农户来说,参保预期收益和参保意愿都不高。

二是财政支持存在"漏出效应",对农户的收入支持作用有限。我国现行农业保险是国家委托商业性保险公司提供保险产品和服务,农户缴费投保,保险公司定损理赔,政府提供补贴。目前,国家对农业保险的保费补贴比例达到75%~80%,尽管政府补贴大部分保费,但财政资金补贴保费的形式存在一定的"漏出效应",财政资金对农业保险的支持作用没有充分发挥出来。

为了实现到2020年粮食产能进一步巩固提升、国家粮食安全和重要农产品供给得到有效保障、农民生活达到全面小康水平的目标,需要从供给侧完善和创新农业保险制度。

首先,依托商业性保险公司,积极开发适应新型农业经营主体需求的保险品种。以种田大户和规模经营户为代表的新型农业经营主体,他们的生产规模大、投入多,对风险管理的需求较高。因此,应以商业经营为主、政府补贴为辅,强化农业保险的风险管理功能。政府应鼓励保险公司根据新型农业经营主体的需求开发保险产品,同时适当加大支持力度。

其次,以加强对小农户的收入支持为目标进行保险工具创新,同时保障粮食安全,可以选择的途径是取消中间环节以减少漏出。可在现有支付农户直接补贴的银行卡中设立农业保险专项账户,农民根据实际投保面积缴纳保险费用,国家财政提供配套资金,两部分资金合并记入个人账户,实行专项管理。灾害发生后,触发赔付机制,激活保险赔付程序,农户可从专用账户提取规定的赔偿金额。因退休或其他原因转让土地,农户可一次性领取余额;转入土地者重新缴纳并累计保险费用,触发赔付时领取上限为个人账户积累总额。触发机制可借鉴指数保险思路,将损害程度指数化,即不以实际损失而是以区域平均产量、降雨量、气温、卫星图像等参数为基础设计保险合同和赔付触发机制。

冯纪福

发展木本油料产业要多管齐下

随着人口的增长,国际粮油价格上涨压力不断加大,供需矛盾将进一步加剧。通过加大对木本粮油的开发利用力度,建设一批高起点、高标准、高科技、高投入、高产出的木本粮油产业基地,使木本粮油生产实现优质高产稳产,可有效缓解日益紧张的粮油供给矛盾。

* * *

"2008年以来,国家对南方食用木本油料——油茶的发展给予了高度的关注和政策扶持,南方油茶产业进入了快速发展轨道。"2016年6月29日,在广东广州召开的木本油料发展趋势研讨会上,中国农业技术经济促进会常务副会长、中国木本油料专家冯纪福说,与南方的情况不同,我国北方广大地区食用木本油料产业的发展才刚刚起步。

冯纪福表示,尽管我国种植核桃、元宝枫、文冠果等食用木本油料的历史悠久、经验丰富,但产业化水平不高,面临着市场观念滞后、缺乏名牌产品、生产经营分散、生产体系不健全等问题。

突出表现除了缺乏优质种苗(除油茶、核桃以外)、种植基地管理粗放外,产品单一,产品附加值不高,加工设备落后,加工技术及工艺滞后,不能生产出高品质、高质量产品,具有市场竞争力的产品更是无从谈起;有些木本油料资源加工手段还比较落后,其原材料价格仅是制成品价格的1%~10%,有的产区甚至将其作为原料外卖,忽视了多功能综合利用和新产品的开发。

谈到木本油料产业发展前景,冯纪福认为,我国还有6亿多亩宜林荒山荒地、6400多万亩25度以上坡耕地和大量的盐碱地、沙荒地等,利用这些土地大力发展木本油料，既不与粮争地，还可以通过以山补田，腾出更多的耕地资源来种植其他农作物，开辟大粮食生产新途径，从而缓解耕地压力。

随着人口的增长，国际粮油价格上涨压力不断加大，供需矛盾将进一步加剧。通过加大对木本粮油的开发利用力度，建设一批高起点、高标准、高科技、高投入、高产出的木本粮油产业基地，使木本粮油生产实现优质高产稳产，可有效缓解日益紧张的粮油供给矛盾。

冯纪福提出要多管齐下，加快木本油料产业发展。

制定产业化政策，营造一种社会环境，推行一种新的经济体制，从多方面明确龙头企业所能享受的优惠政策。拓宽融资渠道，如延长对木本油料产业的贷款期限，建立木本油料种植和经营的小额贷款和林业小企业贷款扶持机制，对示范基地建设项目应加大贴息扶持力度。

完善产权制度，放宽林地使用权，坚持和完善"谁投入，谁受益"的基本林业产权政策，鼓励各种社会主体跨所有制、跨行业、跨地区投资木本油料产业建设并且确实保障其利益，充分调动一切积极因素参与其产业的建设和经营。建立符合市场经济规律的木本油料产业发展新模式——所企合作、基地示范、农户参与模式，龙头企业带动模式，中介组织带动模式。

科技对策方面，抓好种质资源保护和种苗繁育，加强木本油料生产上的立地选择、品种选育、集约栽培、精深加工等应用技术研究，特别要重点研究矮化栽培技术、果草间作等生态果园生产技术、无公害绿色栽培技术。制定技术标准，组织标准化生产，研制木本油料种植和加工技术标准，积极推进木本油料标准化生产，力求把木本油料产业发展建立在标准化基础上。

冯纪福指出，管理对策主要是制度创新和项目管理。做到县级信息管理统一联网，及时、准确地掌握工程建设的动态信息，在此基础上建立起覆盖木本油料产区不同油料产品体系建设的管理体系；在木本油料产业投资项目管理中引入市场机制、竞争机制和利益机制，建立起适合市场经济体制的木本油料产业项目管理机制。

秦中春

主攻"三特"主打"三品" 做亮地方特色农业

作为深化农业供给侧结构性改革最重要的内容,新常态下做亮地方特色农业非常具有挑战性,大思路是强调三大调整,突出"优产品""绿产业""新业态",强化科技支撑和基础支撑,改革政策激活市场、激活要素、激活主体,搭建有形之手,用好无形之手,拓展社会之手。

* * *

作为深化农业供给侧结构性改革最重要的内容,新常态下做亮地方特色农业非常具有挑战性,大思路是强调三大调整,突出"优产品""绿产业""新业态",强化科技支撑和基础支撑,改革政策激活市场、激活要素、激活主体,具体内容非常复杂。

第一,这个农业发展需要面向世界,有竞争优势。现在的农产品市场环境是非常开放的,国际市场和国内市场已经逐步连为一体,在市场上各种竞争会越来越激烈,没有绝对稀缺的产品,只有相对稀缺的产品;没有最好的农产品,只有更好的农产品;没有生产者做不到的产品,只有生产者想不到的产品;不仅有产品本身因素的竞争,还有产品背后因素和相关因素的竞争。要面向世界,把地方特色农业发展放在一个开放竞争的全球市场上进行研究谋划和合理定位,把特色优势做绝,主攻"三特"(产品特殊、产地特殊、文化特殊),实行错位竞争、组合营销、积累优势。

第二,这个农业发展需要面向现代化,提升平台高度。现在的农产品市场运行是十分高效的,传统产业发展升级很快,在市场上经营者会不断变化、交通条件会不断改善、信息技术会不断革新,要不断学习进步,把地方特色农业发展放在一个科技进步日新月异的时代背景下进行深入谋划和合理定位，把特色优势的发展平台做大，统筹党政之力、市场之力和社会之力，实行创新发展、分工负责、共同发力。

第三，这个农业发展需要面向未来，发扬"工匠精神"。现在的农产品市场形态是不断变化的，社会分工越来越细，在市场上消费者的要求会越来越高、越来越挑剔、越来越严格，要着眼长远，把地方特色农业发展放在一个不断发展变化的消费市场上进行分析谋划和合理定位，把绿色发展做实，主打"三品"（品种好、品质优、品牌大），实行可持续发展，强调质量，提高效率。

第四，这个农业发展需要考虑现实、能解决问题。现实问题是特殊复杂的，解决问题需要人、财、物、技术、时间等稀缺资源，国家和地方政府只能在有限政府框架内牵头解决一些重大公共问题，其解决问题的程序一般比较复杂，农民和企业也是资源有限和能力有限的，只不过解决问题的程序相对简单。为了能有效解决问题，就要引入产权界定和保护，引入交易市场和服务，引入标准体系和纠纷解决机制等，让不能解决问题的可以、自愿和有偿退出，让能解决问题的可以、愿意和有偿进入，促进各个参加者平等交易、各尽所能、各取所需，促进稀缺资源合理流动，发挥市场在解决问题中的重要作用和政府更好地发挥作用。

为做亮地方特色农业，要搭建有形之手，发挥党委和政府在领导协调重大稀缺资源配置中的重要作用；用好无形之手，发挥农民和企业在投资管理服务方面的决定作用；拓展社会之手，探索政府购买服务和促进行业联合的新机制。

洪 虎

解决粮食安全是系统工程

  粮食安全是国家安全的基础,国无粮不稳,从供给端看,粮食安全与农产品安全、农业安全、经济安全紧密相连;从需求端看,粮食安全与食品安全、市场安全、社会安全一脉相承。因此,粮食风险是系统风险,解决粮食安全也是系统工程,既是经济系统工程又是社会系统工程。

* * *

  粮食安全是国家安全的基础,国无粮不稳,从供给端看,粮食安全与农产品安全、农业安全、经济安全紧密相连;从需求端看,粮食安全与食品安全、市场安全、社会安全一脉相承。因此,粮食风险是系统风险,解决粮食安全也是系统工程,既是经济系统工程又是社会系统工程。

  我国粮食安全方针是坚持立足国内、保障粮食基本自给。当然对这个方针也有些不同的认识,主要集中在中国能否长期坚持做到立足国内,保障粮食基本自给有没有必要和有没有条件?我看这主要涉及对粮食安全中粮食含义的理解,一般都把农业中的粮食当作粮食安全中的粮食,实际上粮食安全所说的"粮食"与农业粮食中的"粮食"并非同一含义。

  要给粮食安全中的"粮食"正名。

  一是在农产品中,要把粮食与非粮食农产品区别开;二是在粮食产品中,要把谷物类粮食与豆类、薯类等粮食品种区别开来,粮食安全主要是谷类粮食的安全;三是在谷物中,要把稻谷、小麦等细粮与玉米等其他粗粮谷物品种区别开来,粮食安全主要是适口性谷物的安全问题;四是在粗粮中把玉米与其他谷物区别开来,重视玉米作为产量第一的谷物品种的作用；五是在玉米中把作为口粮的玉米与作为饲料和工业原料用的玉米区别开来。总之，要把作为口粮的粮食与作为其他用途的粮食区别开来；把作为主要口粮的粮食和辅助口粮的粮食区别开来，以便分门别类地制定政策。

要发挥市场机制的决定性作用，逐步地、坚决地提高主要口粮的价格，建立有利于维护中国粮食安全的价格体系。粮食在通常情况下主要是由市场机制配置的经济资源，要发挥市场机制的决定性作用，运用价格杠杆调节供需平衡。这样做的好处从大处说，可促进主要口粮生产和消费的开源节流，调节分配关系，有利于农作物的结构调整，有利于保护粮食耕地；从小处说，可增加种粮农民收入，提高他们的种粮积极性，提高主要口粮的性价比，促进城市节约粮食，减少财政补贴一刀切等弊病。

要把维护粮食安全的重点放在粮食主产区和主销区。最先发生粮食不安全的地点是粮食的主销区，国家着眼解决粮食安全的着力点是粮食的主产区。

目前我们的思路不利于调动粮食主产区的积极性，不利于加大粮食主销区维护粮食安全的责任。要加大对粮食主产区的财政支持力度，按商品粮调出量给予足额补贴。加大粮食主销区的粮食储备，增加粮食主销区的用粮成本。加大粮食主产区与粮食主销区的对口协作。

粮食主销区的粮食储备，既要考虑粮食的周转，又要考虑承担相应的粮食储存的费用利息，因为这些省份财政较有能力，经济发展越快，农业比重越低，相应财政收入就越高。大量的粮食转移要占用很大的社会运营力，所以放在主销区，一旦发生情况可以及时调运、及时加工，容易解决问题。

方　言

国产大豆要在品种单产上有所突破

　　单产低是国产大豆的硬伤，因为不管怎么算玉米和大豆的比价，也是有一个单产做收益支撑的。国家提的价格再高，补贴再多，单产上不去，农民收益还是上不来。国家再支持大豆的话，一定要在科研育种上下功夫，还要有更好的栽培方法，良种还需良法，使得我国大豆单产水平上一个大台阶。

＊　＊　＊

　　在2017年8月11日举行的第二届中国大豆产业高峰论坛上，原国家发改委农村经济司副司长方言表示，单产低是国产大豆的硬伤，下一步要在品种、单产上有所突破。

　　"从20世纪90年代吉林省提出的豆奶计划到2000年左右农业部提出的大豆振兴计划，再到实行大豆目标价格，经过了三个阶段，国豆越来越不如洋豆，问题出在哪里？"方言分析，大豆的单产低是我们的硬伤，我国大豆亩产总体上维持在120公斤；同期玉米产量从306公斤提高到近400公斤，增加了90公斤；稻谷产量由418公斤增加到了460公斤，提高了约40公斤；小麦提得更多，从250公斤提到了360公斤，增了110公斤。大豆单产止步不前，这是国产大豆最大的悲哀。因为不管怎么算玉米和大豆的比价，也是有一个单产做收益支撑的。国家提的价格再高，补贴再多，单产上不去，农民收益还是上不来。

　　分区域来看，南方大豆面积是稳定的，产量是稳定的，而单产在这几年有一个显著的提升，当然南方的水土条件也好，但北方大豆单产波动就比较大。"我个人感觉到大豆的品种一直是我们的一个硬伤,有人说那是因为大豆压榨产业被摧毁了,大豆没有研发资金了,所以大豆单产不行。我个人绝不认同这种观点。"方言介绍,发改委一直重视大豆的扶持资金,大豆支持资金曾经占到全国粮食支持资金的20%,而大豆产量只占到全国粮食产量的3%。在千亿斤粮食产能规划中,发改委专门给了黑龙江30亿斤大豆任务。南方没给钱,面积产量反而上去了,而且相对稳定。

"下一步大豆进口肯定是一个常态,因为需求在这儿。另外,我们的土地资源也不够,将近6亿多亩的耕地面积是需要通过进口大豆来替代的。"方言认为,虽然进口在所难免,但是我们可以突出非转基因特色,可以在品种方面有所突破,全国单产如果到了150公斤,就是一个很大的提升。"我觉得国家再支持大豆的话,一定要在科研育种上下功夫,还要有更好的栽培方法,良种还需良法,使得大豆总体单产水平上一个大的台阶。"

对于大家比较关注的小麦水稻最低收购价政策,方言表示,大的政策是基本稳定,小的层面可以动态调整。

关于最低收购价水平,方言认为,在新常态下,各地就业形势跟前几年有所不同,返乡农民工较多,我们要保证农民收入增幅降低不要太多,最好能保证稳定收益。"降低最低收购价水平和国家增加补贴要打平手,这样的话才能保持生产者的积极性,而不是说单一地只提调节,或者是降低最低收购价水平。如果调低价格的话,补贴就要跟上。"

另外,最低收购价不光是价格水平的问题,还是收储的问题。方言强调,实行最低收购价,就是要收,这个收就给农民吃了定心丸。如果国家只定了价格,不收、不启动的话,照样还会影响农民收入。因为农民一年辛苦到头,关键是产品要变现。"中国的种植和国外有很大的不同,美国的种植不用愁,美国农民是靠贷款来维持一年的农业生产,而中国的老百姓都是靠卖了粮食的钱来维持生产的。"

关于早稻,方言说,最低收购价政策的启动就是从早稻开始的,早稻是一个风向标,涉及双季稻的生产,双季稻从改革开放到现在是直线下降。"所以早稻的生产实际上还影响到晚稻的生产,这是一个非常敏感的问题。"方言补充道。

江连洲

未来大豆产业将朝"三线一面"发展

> 面对激烈的市场竞争,为了提高大豆产业的竞争力,未来我国大豆油脂产业必须突破基础理论创新,不断开发以豆油为原料的新产品及新技术。未来,我国大豆油脂产业的发展趋势是"三线一面"。"三线"分别是油脂、蛋白、副产物的开发利用,"一面"是油脂加工和大豆食品的开发。

* * *

在第二届中国大豆产业高峰论坛上,东北农业大学食品学院院长江连洲用"三线一面"概括了未来我国大豆产业的发展趋势。

"三线"分别是油脂、蛋白、副产物的开发利用,"一面"是油脂加工和大豆食品的开发。

其中,"一面"是未来大豆产业主要发展方向和趋势。油脂加工是世界上大豆加工产业中最大的一个行业,而且压榨量逐年上升。据不完全统计,现在世界上总体的压榨量达到2.7亿吨。作为第四大大豆主产国,我国每年大豆产量近1200万吨。依托丰富的大豆资源,近年来,我国在大豆加工方面不断探索新技术,推动产业健康持续发展。

江连洲介绍道,目前,我国大豆产业正在推广生物解离技术,也叫酶法制油技术。"这个技术已经在山东部分中小规模大豆压榨企业建了几条生产线,这是未来的发展趋势和方向。因为不管怎么采用新的技术和装备,如果是溶剂取油的话,还是有它的弊端。所以开发一种无毒的、天然的、绿色的加工新技术,势在必行。所以说生物解离技术,或者叫酶法制油技术顺应了这种发展的趋势。"他认为,这项技术代表了未来制油的方向,将会在全国遍地开花。

虽然目前我国油脂提取技术有了很大发展,但还存在许多问题。面对激烈的市场竞争,为了提高大豆产业的竞争力,未来大豆油脂产业必须突破基础理论创新,不断开发以豆油为原料的新产品及新技术。

对于传统油脂加工技术,江连洲强调道,要向适度加工、低温加工和绿色加工转型,"我们必须得这么走"。此外,还要大力发展基于生物提油研发低酶体系的生物制油技术,以大豆油为原料,利用分子修饰技术来制备可降解的聚酯类产品,"这是未来的发展方向"。

随着消费者结构升级,消费者更加注重食物的营养与健康。对此,江连洲表示,大豆油脂加工产业应加大技术创新,利用大豆蛋白改性技术来改善油脂的营养功能和保健功能,以满足人体健康的需求。

"大豆蛋白加工也是未来的发展趋势。"江连洲指出,一方面是浓缩蛋白的加工,一方面是利用各种改性技术对蛋白结构进行调整,来满足人体对蛋白的需求。还有就是利用蛋白质组学和现在的大数据来确定各种蛋白产品的多肽活性和氨基酸的序列,用新型的发酵技术来生产大豆休闲食品、仿真食品、能量棒等。

江连洲说,大豆浑身是宝,其副产物利用也大有可为,包括高效利用一些功能活性成分,如低聚糖、纤维素、异黄酮、皂苷、磷脂、维E等。在所有的农作物当中,大豆的产业链条是最长的,它的附加值是无法计算的,加工前景非常广阔。

中国粮油书系第二卷之
百家说粮

民生杂谈

Minsheng zatan

| 於忠祥

抓好土地健康体检才能建成生态粮仓

  我国未来粮食生产发展的方向是：既要保证百姓吃饱，更要保证百姓吃好，要把中国的粮食主产区建成生态粮仓。生态粮仓建设就是提高耕地的"健康"水平，不仅要保障耕地"体壮"，生产能力高，而且要保障耕地"没病"，土体无污染，同步实现粮食安全与食品安全。

* * *

  至2013年，我国粮食产量实现了"十连增"。我国未来粮食生产发展的方向是：既要保证百姓吃饱，更要保证百姓吃好，要把中国的粮食主产区建成生态粮仓。生态粮仓建设就是提高耕地的"健康"水平，不仅要保障耕地"体壮"，生产能力高，而且要保障耕地"没病"，土体无污染，同步实现粮食安全与食品安全。

  无论是粮食安全工程，还是食品安全工程，其治本之策是抓源头建设，因此，只有狠抓耕地质量工程建设的源头，保证土地健康，才能建成生态粮仓，这就要对耕地进行健康"体检"。

  耕地健康"体检"工程的主要任务是对我国耕地进行全面普查与诊断，查清健康土地、亚健康土地和不健康土地的面积、比例及分布，并建立土地健康档案。

  健康土地是指"体壮无病"的土地，既能保障高产稳产，又未受任何污染，符合生态粮仓建设的要求。不健康土地是指"体壮隐大病"的土地，即使高产稳产，但因其受到污染，生产的粮食不可食用。由于其产出的粮食形象好，口感好，肉眼不能识别，所以隐患很大，只有通过检测才能发现。

亚健康土地包括三种类型，一是"无病体不壮"的土地，即土地没受污染，但属于中低产田，生产的粮食可以放心食用；二是"体壮有小病"的土地，即土地能获得高产稳产，但受到了不同程度的污染；三是"体弱有小病"的土地，即受到了不同程度污染的中低产田。后两类耕地生产的粮食必须经过检测。

依据耕地健康体检结果，分析我国耕地健康现状，包括结构与布局、特点与问题等，在此基础上编制土地健康布局图，进而编制耕地健康保护与提升规划，为生态粮仓建设提供依据和方向。

对健康土地，要实行严格的保护措施，如推行绿色的生产过程，利用洁净的灌溉水源，引种安全的种子等；对"无病体不壮"的亚健康土地，除采用健康土地的相关保护措施外，重点是加强高标准基本农田建设，实现高产稳产；对"体壮有小病"的土地，重点采取修复措施，清除耕地体内"垃圾"，提升食品的安全度；对"体弱有小病"的土地，要采取提升与修复并重的举措，实现耕地健康整体水平的提升。

对不健康的土地，要本着边利用边修复和先易后难的原则，制定土地修复规划。要加强农产品原产地和流向的监控与管理，在不健康土地没达到修复标准前，其生产的农产品只能限于工业用途。

土地整治要突出耕地健康提升优先的原则，推进土地整治工程向土地生态整治工程转变，即土地整治要实现耕地面积增加、耕地生产能力提高、环境美学效果和土地修复等四位一体化，杜绝只追求高产稳产和景观效果而忽略土地修复的土地整治行为。

罗云波

食品安全是食品产业转型和升级的核心

> 食品工业的转型升级是我国食品工业必需的战略选择。食品安全应该是食品产业转型和升级的核心,以此来引领和拉动食品产业各个方面的发展,应该是当下食品产业做强做大、提高市场竞争能力和可持续发展唯一的指导思想。食品工业的转型升级,可以说是我国食品工业必需的战略选择。

* * *

2014年全国食品安全宣传周主场活动暨第六届中国食品安全论坛于6月10日在北京举行。中国农业大学食品科学与营养工程学院院长罗云波作了主题为"强化食品安全科学基础,助力食品工业健康转型"的演讲,他表示,食品工业的转型升级是我国食品工业必需的战略选择。食品安全应该是食品产业转型和升级的核心,以此来引领和拉动食品产业各个方面的发展,应该是当下食品产业做强做大,提高市场竞争能力和可持续发展唯一的指导思想。

罗云波认为,食品工业的转型升级,可以说是我国食品工业必需的战略选择。"转"主要是体现在三个方面:一是经营结构,二是发展方式,三是商业模式。核心是安全、绿色的发展方式,主要是着眼于三个环节:一是品牌的理念,二是科技的创新,三是人才的培养,关键是科技和人才的创新体系。

他指出,食品企业能否实现转型升级,归根到底还要落实在企业本身是否做好了足够的准备,在思想理念上,在技术实力上,是否都做好了更上一层楼的准备。首先食品企业必须调整观念，从一味追求规模和速度，转向注重质量和效益，崇尚低碳环保，只有与时俱进发展，才可能争取到市场空间，赢得消费者的认可。另外，食品企业只有在向国际先进水平挑战的努力中，才可以落实有意义的科技创新。只有高科技含量和更强大的技术支撑，才有可能在转型升级中成长为国际型的食品企业。国家之间、行业之间、企业之间，说到底是人才的竞争，具有行业竞争能力的食品行业的科技人才，是食品安全科学基础的人力资源基础，也是食品工业健康转型的软实力。

罗云波还表示，先进的科学技术可以解决和防范种植养殖环节的食品问题，绿色的加工可以防范和消除加工中可能产生的有毒有害物质。在食品消费的末端，科学的检测能够把好食品安全的最后关口。同时，科技创新不仅需要贯穿食品生产链条的各个环节，还应该和食品安全监管制度的创新紧密地结合起来，软硬结合，相得益彰，形成强大的合力，既为食品安全的解决方案提供顶层的制度、体制的设计，又为食品生产加工方法不断进步提供保障，实现从田间到餐桌的安全控制，用科技的力量为食品安全夯实基础。

此外，罗云波认为，现在校企共建是食品行业常见的运行方式，产学研一体化的架构是为了加快食品科技从实验室到生产车间的转化，加强食品行业紧缺人才的培养与引进。企业和校企合作，要讲深度、有高度、找角度、有长度，不是三分钟的热情，不是指一两个产品，或者开发一两个配方，而是要延伸到食品企业之间的共同计划。

刘俊海

食企要"一心二维三品四商五严六实"

  福喜食品被曝使用过期变质肉加工快餐原料的丑闻彻底颠覆了中国广大消费者的心理预期。为预防食品行业尤其是跨国公司内部的诚信株连,重振食品行业的公信力,食品企业尤其是跨国企业必须慎独自律,见贤思齐,牢固树立"一心二维三品四商五严六实"的经营理念。

* * *

  跨国食品企业通常被视为食品安全保障程度最高的企业。但福喜食品有限公司被曝使用过期变质肉做加工快餐原料的丑闻彻底颠覆了中国广大消费者的心理预期。虽然上海福喜的母公司福喜集团强调,本次事件是一起个体事件;集团愿为整个事件承担全部责任,并将迅速彻底地采取适当行动。但该案的发生绝非偶然,而与企业缺乏对消费者的感恩之心存在着必然的逻辑联系。

  为预防食品行业尤其是跨国公司内部的诚信株连,重振食品行业的公信力,食品企业尤其是跨国企业必须慎独自律,见贤思齐,牢固树立"一心二维三品四商五严六实"的经营理念。

  "一心"要求企业对广大消费者常怀感恩之心,真正把消费者视为自己的衣食父母。消费是财富之源。水能载舟,亦能覆舟。

  "二维"要求企业和企业家的右脑要有盈利合理化思维而非盈利最大化思维,左脑要有社会责任思维。企业一味强调盈利最大化,必然走向道德沦丧的深渊。社会责任思维意味着,企业不仅要做会赚钱、能赚钱、赚大钱的企业,更要成为与消费者友好型的、广受世人尊重的良心企业。

"三品"要求企业不但稳步提升食品质量,确保食品百分之百的安全,实现食品定价的合理化,不断研发和创新食品,增强食品的市场竞争力,也要注重提升企品(企业的品质),更要注重提升企业背后的企业高管、控制股东和控制人的人品,他们的价值观、世界观、人生观直接影响着企业的寿命。

"四商"要求企业要有不断创新食品和服务的智商,要有不断受广大消费者发自内心的尊敬、信赖与信任的情商,要有自觉信仰与敬畏食品安全法与消费者权益保护法的法商,更要有自觉践行全球食品行业最佳商业伦理的德商。

"五严"要求企业要有严格的食品安全标准、严格的质量控制体系、严格的售后服务体系、严格的内控体系与严格的问责体系。有些企业的食品安全标准外表非常光鲜,但束之高阁,徒有虚名。食品安全标准的不安全是最大的不安全。

食品安全是否有保障,食品企业要自证清白,更要让严格的制度体系落地生根。

"六实"要求企业夯实和保障消费者的知情权、选择权、公平交易权、安全保障权、治理权与索赔权。食品企业的义务与消费者的权利互为表里。为增强企业的核心竞争力,食品企业必须心悦诚服地尊重和保障消费者的各项权利。

当前,建议涉案企业面壁思过,积极配合执法部门调查,真诚地对广大消费者公开致歉,主动拿出民事赔偿方案,并尽快提出杜绝类似食品安全事件重演的有效自律措施。希望其他食品企业也能从中引以为戒,改恶向善,择善而从。因为,市场有眼睛,法律有牙齿。

万早田

政府应设置食品安全监管高压线

> 近十年,食品安全成为我国最受关注的社会问题之一。食品生产企业和销售企业应联合起来,共同坚守不生产、不销售问题食品的底线,逐步形成不以牺牲食品安全为代价的商业竞争模式;同时,还应配合相关政府部门,加大食品安全科学知识的普及力度,让消费者能自主辨识食品安全问题,规避食品安全风险。

* * *

"在食品安全方面,政府应设置监管高压线,实行最严格监管、最严厉处罚和最严肃问责。"2014年8月27日,中粮集团副总裁万早田在出席第三届"全球食品安全倡议(GFSI)中国主题日"的致辞中作出如上呼吁。他同时表示,企业是食品安全的第一责任人,保障食品安全应是企业的底线责任。

近十年,中国食品行业蓬勃发展,但与此同时,食品安全也已连续多年成为我国最受关注的社会问题之一。

2014年6月提交的《食品安全法》修订草案,明确提出"社会共治"是食品安全工作的基本原则之一。

对此,万早田认为,政府层面应该依靠法制手段有力整治食品安全,而对消费者要加强宣传教育,引导公众理性认识食品安全;媒体也应倡导客观、科学、公正的报道。

对于国内企业如何保障食品安全,万早田认为有三个方面:

第一,无论企业的大小,都应建立覆盖原料进口端、生产加工过程、产品出口端的全链条食品安全管理体系，使食品安全始终处于可控状态。

第二，企业应加强国际交流与合作，积极引入国际领先的食品安全管理理念与方法。

万早田的观点是，食品安全已是一个全球性问题，中国现在遇到的问题，美国、欧盟、日本等国家和地区也曾发生过，无论这些国家和地区的政府还是企业已针对这些问题，摸索出了很多有效方法，中国完全可以将这些先进的管理理念、方法，引入到食品安全管理工作中去。

第三，中国食品企业还应加强自律，坚守"用良心做食品"的道德底线，逐步形成良好的商业竞争氛围。因为没有良好的商业竞争氛围，最优秀的企业也难以独善其身。

"中国的食品生产企业和销售企业应联合起来，共同坚守不生产、不销售问题食品的底线，逐步形成不以牺牲食品安全为代价的商业竞争模式；同时，还应积极配合相关政府部门，加大食品安全科学知识的普及力度，让消费者能自主辨识食品安全问题，规避食品安全风险，并且不盲听、不盲从、不盲传。"万早田说。

万早田以中粮集团为例，他指出，中粮始终将食品安全视为企业的品牌工程、生命线工程、社会责任工程和核心竞争力工程，通过对全产业链的系统管理、关键环节的有效掌控，以及各产业链之间的有机协同，建立起由相关方、可追溯、检验检测、绩效评估等17个子系统组成的食品安全管理体系，确保横向到边、纵向到底，为消费者奉献安全、营养、健康的食品。2011年，中粮作为我国唯一代表，成为"全球食品安全倡议"国际组织董事会成员。

钱桂敬

食品工业增速减缓　技术创新是转型根本

> 我国食品工业发展正在从多年来20%的高速增长进入增速减缓和结构调整新的发展阶段。这迫切要求食品工业必须充分发挥技术进步和科技创新的支撑与保证作用，不仅要求食品工业坚定不移地坚持创新驱动发展，更要加强从依靠扩大投资和规模扩张向依靠技术进步、创新和要素升级的转变。

* * *

2014年9月2日，第十四届中国方便食品大会暨方便食品展在北京召开，中国轻工业联合会副会长钱桂敬在会上发言指出，我国食品工业发展正在从多年来20%的高速增长进入增速减缓和结构调整新的发展阶段，目前正面临着转型升级、结构调整等挑战，这要求企业加快从依靠扩大投资和规模扩张向依靠技术进步、创新和要素升级的转变。

方便食品作为中国食品工业中一个相对年轻的行业，以方便面、冷冻调理食品为两大主力板块，自1992年至今获快速发展。其快速发展路径始终与国民收入的变化相对应，并在不同时期用不同的产品适应了市场的快速变化与需求。据了解，2013年，方便食品行业形成了1747.46亿元的主营业务收入，整体上呈稳定增长。

但是，钱桂敬介绍称，我国食品工业发展从多年来20%的高速增长，正进入增速减缓和结构调整新的发展阶段。数据显示，2014年上半年，轻工行业完成增加值同比增长8.7%，但增速同比回落1.1个百分点，比一季度回落0.3个百分点，食品行业生产增速继续走低，上半年农副食品加工和食品制造行业增加值分别增长8.6%和8.9%，增速回落0.5和2.9个百分点，规模以上的食品行业产值在轻工行业增加值中占比45%以上，上半年农副食品加工的利润同比增长4.8%，食品制造行业利润增长12.7%。

他指出，当前食品工业面临着转型升级、结构调整、培养新的增长点、培育新的竞争优势的繁重任务，同时面临生产要素成本不断上升、资源环境能源压力全面加强的巨大挑战。随着传统的比较优势不断弱化，规模扩张空间不断缩小，优势明显减弱，传统盈利模式受到严峻的挑战，盈利空间被大大压缩等新形式和新变化的出现，迫切要求食品工业必须充分发挥技术进步和科技创新的支撑与保证作用，不仅要求食品工业坚定不移地坚持创新驱动发展，更要加强从依靠扩大投资和规模扩张向依靠技术进步、创新和要素升级的转变。

他建议，要加快提升中国食品在全球价值链中的地位，从全球价值链中低端向高端转变，要加大新产品开发力度，加快培育新的增长点，加快产品高档化进程。还要全面提升食品工业自身的产业链的价值，合理配置各个环节的资源，让研发、采购、生产、营销、社会服务等各个环节都产生新的价值。同时要大力提升资源配置效应，提高全要素劳动生产力。

他还提出要全面加快食品安全卫生体系建设，包括食品监测技术体系，食品风险评估体系，用安全卫生健康和品牌赢得消费者的信任。

裴会永

中国人的饭碗更要装中国优质小杂粮

> 近年来,玉米对中国传统旱杂粮版图造成巨大的冲击,旱杂粮逐渐蜕变为边缘性、区域性作物。中国人的饭碗要装中国粮,中国人的饭碗更要装中国优质小杂粮。因地制宜开发生产小杂粮系列加工食品,将优质小杂粮变成各种各样集方便、食用、营养、保健于一体的优质食品,更能让杂粮升值生金。

* * *

2014年8月,杂粮杂豆身价翻番、傲视群粮的消息,给沉寂的粮油食品行情平添几分生机。旺季消暑需求论、产区供应减少论、游资投机炒作论,都有几分道理。

以谷子为首的旱地杂粮杂豆,是中华民族的哺育作物。20世纪之前,旱杂粮在北方占据80%左右的土地,南方丘陵山区也选择旱地杂粮。近年来,玉米凭借高产、省工与较强的环境适应性,对中国传统旱杂粮版图造成巨大的冲击,玉米成为我国第一大粮食作物,旱杂粮逐渐蜕变为边缘性、区域性作物。

所幸的是,旱杂粮因其独特的营养价值渐受重视,其由新中国成立初期的温饱果腹功能,转变为解决营养结构和营养安全问题的食药兼具良品,富裕阶层对此认知程度较高,杂粮杂豆也因此成为此人群餐桌上的必需品。

然而,打工经济的勃兴不但瓦解了精耕细作的中国农耕传统,也尽显杂粮生产的短板。"老百姓都是啥省事种啥。"小杂粮种植最为费工费力,是典型的劳动密集型产业。多数杂粮忌连作重茬,一是会造成减产,二是病虫害累积加重。在土地成本快速攀升"以地生财"时代，土地休耕一季，会给规模化生产经营带来很大的成本压力。

与大田作物相比，杂粮种植机械化程度低，繁杂沉重的田间管理，让以妇女、老人和儿童为劳动力的农户望杂粮而却步。以谷子为例，间苗难、劳动量大是制约谷子大面积种植的突出问题。多数杂粮杂豆成熟期不一致，开花结荚期较长，不得不多次采摘收获。一些品种炸荚落粒，一些品种大风落铃摇粒。除此之外，杂粮的产量较低，购销几近停滞，也严重制约其商品化产业化进程。

消费渐热，生产萎缩，怎么办？期待科技来填平需求缺口。

杂粮平均产量与试验示范水平差距大，说明增产空间大。依靠科技进步，加速良种繁育，多点试验示范，改良并推广优良品种和配套增产技术，杂粮产量有望上台阶。而研发成熟期一致，不炸荚、不落粒，适宜机械化收获的新品种，集成推广各种轻简栽培技术，应是当务之急。

小杂粮产地集中，很容易形成主导优势，优质小杂粮基地、产业等抱团结盟，可以"以小搏大"，谋求定价权，以规模求效益。因地制宜开发生产小杂粮系列加工食品，将优质小杂粮变成各种各样集方便、食用、营养、保健于一体的优质食品，更能让杂粮升值生金。

最近杂粮类涨价，笔者认为是价值的合理回归，算算杂粮生产的机会成本、生态效益，如果强力打压，就是劫贫济富，就是让农村的低收入者补贴城市的高收入者。

从消费者的角度而言，借用一位专家的话，健康比钱更重要，好东西不要都出口。中国人的饭碗要装中国粮，中国人的饭碗更要装中国优质小杂粮。

宋海峰

鼓起"钱袋子"不能丢了"米袋子"

在抓好"钱袋子"的同时,千万不能丢了"米袋子"。当然,抓好"米袋子",并不代表忽视"钱袋子"。审时度势,我们要因地制宜地建立一套适合当地粮食和经济作物种植业结构的农业生产新模式,推动粮食增产、农民增收。同时,要注重发挥市场导向作用,使发展高效经济作物的产、供、销各环节衔接畅通。

* * *

2015年早稻开镰前夕,笔者在江西一些产粮地区采访时发现,由于粮食连年丰收,少数地方抓粮食生产的劲头没有那么足了,"粮经争地"的矛盾开始显现。

今年,某县一个产粮大乡将2000多亩稻田改种了白莲、蔬菜、瓜果等经济作物,全乡早稻种植面积比去年减少了1.6%。然而,由于市场供应饱和等因素的综合作用,农民种植经济作物的收入并不高,有的还比不上种粮的收入。

一个农民反映:今年他将自家稻田改种了白莲,现在预计每亩莲子的纯收入不到700元,而他去年种水稻时每亩纯收入有900多元。"明年能否再改种水稻?"面对笔者的问题,这个农民表示,改种粮食不仅要重新投入,而且耕地的土壤肥力也下降了,水稻产量难以一下子就恢复到以往的水平。

类似"压粮扩经"的现象,在一些地方不同程度地存在着,应该引起相关部门的重视。人们常说,粮食安全比天大。

咱们在抓好"钱袋子"的同时,千万不能丢了"米袋子",否则粮食安全就得不到有效保障。

一些地方大力发展高效经济作物，鼓起农民的"钱袋子"，这样做无可非议。但是，"钱袋子"不等于"米袋子"。

粮食问题不能只从经济上看，而必须从政治上看、从战略上看。一个国家只有立足粮食基本自给，才能掌握粮食安全主动权，进而才能掌控经济社会发展这个大局。

而从江西这样一个粮食生产输出大省来看，虽然粮食生产连年丰收，但资源约束越来越紧，依靠增加播种面积来增加粮食产量的空间越来越小。如果我们在粮食生产形势好的时候就开始麻痹松懈，如何能继续担当为保障国家口粮绝对安全种好"江西粮"，巩固粮食主产省地位不动摇的重任？因此，为保障国家粮食安全作出新贡献，是江西"三农"工作的永恒课题，这根弦任何时候都不能松。

为此，我们要实行最严格的耕地保护制度，严守全省4633万亩耕地"红线"，坚决守护好稳定粮食生产的"生命线"，并坚持2825万亩高标准农田底线，加快推进中低产田改造，努力把中低产田建成旱涝保收、高产稳产、节水高效的高标准农田，以提高土地产出率来稳定粮食生产。要着力提升粮食生产的规模化、良种化、标准化、信息化和机械化水平，重点突破水稻机插、稻谷烘干等薄弱环节。要千方百计降低农民的生产成本，让农民分享更多粮食产业的增值效益，切实保护和调动农民的种粮积极性。

当然，抓好"米袋子"，并不代表忽视"钱袋子"。审时度势，我们要因地制宜地建立一套适合当地粮食和经济作物种植业结构的农业生产新模式，推动粮食增产、农民增收。同时，要注重发挥市场导向作用，使发展高效经济作物的产、供、销各环节衔接畅通。如此一来，"米袋子"和"钱袋子"都鼓了起来，保障粮食安全和发展高效经济作物又何愁不能实现"一根甘蔗两头甜"的效果呢？

任继周

建设现代农业须重视伦理维度

当前,空气污染、水资源缺乏、土壤污染等资源环境问题使我国农业发展面临严峻挑战,化肥、农药、农膜的无节制使用使农业生态环境遭到破坏,食品安全问题困扰人们的生活。资源环境、食品安全、城乡二元结构等问题都与农业发展密切相关,需要从伦理学视角进行分析、思考和解决。

* * *

科学的农业行为应遵循自然生态系统的基本规律。不可否认,工业化给农业现代化带来新机遇、新手段。但遗憾的是,人们在推进农业现代化的同时,出现了轻视农业自身规律的问题。

建设现代农业,必须重视农业发展的伦理维度。

当前,空气污染、水资源缺乏、土壤污染等资源环境问题使我国农业发展面临严峻挑战,化肥、农药、农膜的无节制使用使农业生态环境遭到破坏,食品安全问题困扰人们的生活。资源环境、食品安全、城乡二元结构等问题都与农业发展密切相关,需要从伦理学视角进行分析、思考和解决。

其一,时。敬畏天时以应时宜。不违农时是中华民族对农业伦理的本初认知。从周礼的《秋官·司寇》《礼记·月令》到诸子百家的宏幅论述以及坊间杂籍,我国历史上与时宜有关的论述浩如烟海,其基本原理为生态系统内部各个组成部分都以物候节律因时而动。农业生态系统由多界面的复杂作用协调运行,其时序之精微缜密为现代科学所难以穷尽。现代农业系统趋于全球化，直至涉及生物圈整体，其时序之繁复远甚于以往，对天时的遵循敬畏之情为农业伦理之首要。

其二，地。施德于地以应地德。土地为万物滋生的载体。农业生态系统的初级生产无不仰赖土地。土地既是农业生物的载体，也是包括农业生物的生物界的产物。农业系统的盛衰优劣，土地肥瘠可为表征。华夏族群从诗经时代起，即对土地多有歌颂。《易经》加以理论升华，称为地势坤，厚德载物。周代已有"地官司徒"之专职官吏。管子《地员篇》对土地类型学已有系统论述。中华民俗常以土地为神祇而对其顶礼膜拜，对厚德载物的土地自应厚养以德。切忌对土地掠夺刮削、竭泽而渔，使其日趋瘠薄，甚至施加毒害，失其载物之德。

其三，度。帅天地之度以定取予。生态系统具有开放性，有物质输出与输入的功能，农业活动因而有付出与收获。其中取予之道，应使农业系统营养物质在一定阈限内涨落，保持相对平衡，以维持生态系统健康，即所谓取予有度，以实现生态系统营养物质的合理循环。一旦营养物质入不敷出，突破涨落阈限，农业系统的生机即趋于衰败。我国在小农经济时期，依靠农民的精耕细作，农业系统具有较为完善的自组织能力，其生机历久不衰。工业化时代，切忌取予无度而致农业系统的能流、物流、信息流枯竭。

其四，法。依自然之法精慎管理。"人法地，地法天，天法道，道法自然。"一个"法"字，统领管理之道。农业管理包括土地、附着于土地的人民以及农业生产和产品分配的全过程。其中繁复的技术和社会工作需要周到的伦理关怀，而伦理关怀之中枢则为层层法理。时代要求我国农业伦理学应以众多系统的界面为节点，将各个系统连通为整体，并在不同界面伸出链接键，使系统耦合逐步延伸，以充分利用时代机遇谋求发展。切忌主观臆断，自乱人、地、天、道之法的序列，作茧自缚而坐失系统逐级耦合良机。

陶夏新

种粮补贴要补给真正种粮的人

> 粮食补贴的直接受益者应该是种粮农民,政府应该将补贴集中到粮食主产区和种粮大户,种粮多的多补贴,种粮少的少补贴,不种粮的不补贴,这样有利于激励大规模、采用先进技术的农民种粮的积极性,促进农户扩大粮食规模经营,推动粮食产业化的快速发展,实现粮食生产经营的规模效益。

* * *

全国政协委员、九三学社黑龙江省主委、黑龙江省政协副主席陶夏新近几年一直关注种粮补贴的问题。在2015年的全国"两会"上,他提交了一份关于改进种粮补贴发放方式的提案,呼吁减轻种粮农民的负担,增强中国粮食产业在世界市场上的竞争力。2015年5月,财政部、农业部印发了《关于调整完善农业三项补贴政策的指导意见》,陶夏新表示,该"种粮补贴新规"仍需进一步完善。

"种粮补贴要补给种粮的人。"这是陶夏新在2015年全国"两会"期间九三界别小组讨论时的发言题目。他说,之所以把这个问题作为发言的主题,跟近年来规模日益扩大的土地流转有关。

规模经营是现代农业的发展方向,国家理应给予更多的支持。但陶夏新在调研中发现,在土地流转出去之后,国家发放的种粮补贴并没有落到实际耕种土地的农民手中,"按性质来说,种粮补贴本来是补贴种粮食的,结果变成了承包权的一部分"。据了解,目前我国比较普遍的种粮补贴方式是按计税面积来补贴,即种粮农民只要有承包土地的面积,不论多种、少种、种一季、二季，甚至种、不种，都可以享受粮食补贴。这就造成了不种粮的承包户拿走了种粮补贴、实际种粮的农民却拿不到补贴的现象，使农民把种粮补贴看成是土地承包户的普偿政策，从而起不到应有的效果。

"我们这边管把土地承包给别人的人叫作'地主'，'地主'不种地，但是可以收取土地承包费。黑龙江土地面积大，如果一个人有几十亩地流转出去，每年会有七八万元的'地租'收入。在这种情况下他又把国家给的种粮补贴也拿到手上，这就明显不合理了。"陶夏新认为，粮食补贴的直接受益者应该是种粮农民，政府应该将补贴集中到粮食主产区和种粮大户，种粮多的多补贴，种粮少的少补贴，不种粮的不补贴，这样有利于激励大规模、采用先进技术、多付出汗水的农民种粮的积极性，促进农户扩大粮食规模经营，推动粮食产业化的快速发展，实现粮食生产经营的规模效益。

近年来，随着国际粮价的回落，世界粮食市场对我国的农业生产也形成了一定的压力。陶夏新表示："国家为了保护粮食安全，对于粮食有一定的保护价。但是现在由于农民的种粮成本比较高，保护价定得也比较高。但是进口粮食到岸价格却相对比较低，这就对我们粮食生产造成了很大的冲击，逐渐形成'天花板'和'地板'的问题，农产品保护价就是'地板'，外国进口粮食到岸价格是'天花板'，它们两个很接近了。"对此，陶夏新表示："对于'天花板'目前我们没有办法改变，我们可以做的是把'地板'往下降，把保护价格降低甚至取消，让粮食产业实现市场化。而要降低价格，就需要我们通过'绿色'的方式，把种粮补贴发放到位。这样既不违反WTO的规则，又能使种粮的农民真正减轻负担，走出目前'天花板'和'地板'日益接近的僵局。"

| 陆娅楠

由秘鲁 3000 多种土豆想到的

农产品有效供给与市场需求不对接,影响了传统制造业的加速升级,更增加了去库存压力。过去我们不少农产品供给都以追求数量充足为先,这使我们尽快摆脱了短缺经济。如今,百姓消费升级了,制造业、服务业需要的原料更精、更细、更多元,可农林牧渔增产的却未必是市场需要的。

* * *

去秘鲁出差,发现当地薯片很好吃。旅居当地多年的朋友笑着解释:"秘鲁超市卖的土豆五颜六色,要用整整一排货架,适合蒸土豆泥、炸土豆条、炒土豆丝的各种土豆这里都有。要知道秘鲁可有3000多种土豆,还建了基因库呢!"从品种之全到销售之细,如此完整又专业的土豆供应链,难怪秘鲁的土豆消费在全球都首屈一指,更难怪秘鲁人抱怨当地加工业落后,土豆纤维开发和加工机械制造能力不足,土豆深加工产品不够丰富,多少浪费了土豆故乡的金字招牌。

如果说秘鲁加工业之于土豆产业是"没有金刚钻,难揽瓷器活",那么中国纺织业遭遇的则是"巧妇难为无米之炊"。这几年,每次采访棉毛纺织企业,总会听到类似的抱怨,"现在国内养羊养得'软黄金'变成'钢丝球';种棉种得杂丝那么多;蚕丝虽说中国是鼻祖,可高级丝很多在巴西。中国纺织业要依靠原料进口才能实现产业升级!"纺织业抱怨的是原料难题,反映的则是农产品有效供给的差距。不仅是纺织业,近些年来,食品加工、皮革制造、高档餐饮等以农产品为原料的传统产业升级都遭遇了类似的困境。

　　农产品有效供给与市场需求不对接，影响了传统制造业的加速升级，更增加了去库存压力。过去我们不少农产品供给都以追求数量充足为先，这使我们尽快摆脱了短缺经济，实现了温饱自足。如今，百姓消费升级了，制造业、服务业需要的原料更精、更细、更多元，可农林牧渔增产的却未必是市场需要的。

　　要让农产品供给"更有效"，还是得在农业供给侧结构性改革上做文章。如今，我国不少农产品的定价、税收、流通机制等"指挥棒"都更倾向保障供给数量，不仅加剧了供给偏离市场需求，还增加了供给成本，甚至会影响"中国制造"的国际竞争优势。以棉花为例，受配额、收储、检测等政策限制，质量差的国内棉花每吨售价却比进口棉花高出几千元。这种扭曲的价格或许一度稳定了农民种棉积极性，但极大地抬高了国内制造成本，导致进口棉纱激增冲垮国内棉纱产业，纺纱的少了，买棉的就少了，最终还是伤了棉农的利益，导致棉花种植面积持续缩减。

　　不仅是棉花，要让农产品的供给真正与市场对接，只有依靠深化改革来真正提高农业供给体系的质量和效率。像2014年启动的棉花目标价格改革，就从一定程度上理顺了产业链上下游关系，为第一、二产业协同发展创造了有利条件。

　　类似的改革不妨多些，让更多资本愿意进入农业，更多人乐于从事农业，真正激发农业发展的活力与潜力。

　　全面建成小康社会，产业迈向中高端水平是目标之一。这个产业绝不仅仅是指制造业，而是三大产业整体迈向中高端水平。根据木桶原理，最短的一块木板决定木桶盛多少水，三大产业哪一个"短了"，都会影响到"迈向中高端"。换言之，制造业由大变强，不是制造业自己的事儿，离不开农业、服务业的质效双升，反之亦然。

赵永平

土地流转要量力而行 不能揠苗助长

> 土地流转要量力而行,不光要看经营主体的能力,也要看地方综合承受力,要看当地农村实际。流转规模不是越大越好,要与城镇化进程相适应,与农业科技、社会化服务水平相适应,综合考虑地方经济社会发展水平,尤其要防止片面追求超大规模经营的倾向。

* * *

笔者在中部参加一个种粮大户交流会,有位大户道出苦衷:两年前,他拿着打工积攒的十几万元返乡种地,先租了50亩,小赚一把。去年一下发展到500亩,没想到秋收后玉米价格大跌,连本都赔了进去。现在,这500亩地成了烫手山芋,想接着种,可是土地租金、种子化肥要大量资金,自己凑不上,可想退租又退不掉,左右为难。

"有多大嘴,吃多大馒头。"几个种地"老把式"搭话,这些年下乡租地的老板太多了,租金越炒越高,一亩地涨到700多元,这么高的价,跟风租地,靠种粮根本不行。再说,搞农业不光是有钱就行,农忙得雇人,收割要用机器,收回来还要晾晒、仓储,这些问题解决不了,规模越大越难。

道理简单,这位大户当时为何不冷静?他说,政府给补贴、有项目,镇上干部来做工作,脑子一热就上去了,贪多嚼不烂,最终尝到苦果。

时下,不少资本投资农业,都热衷"高大上",流转土地动辄几万亩,建农业园区一并几个村,如此贪大求快,为什么?一是老板积极,他们认为农业门槛低、效益好,规模越大利润越多。二是政府积极,上规模、垒大户,就有了政绩,树起样板。殊不知,农业生产有其特殊性,回报期长、自然风险高，典型调查显示，规模经营主体的粮食单产要比普通农户低，大户单产要比小户、散户低，可以说，种粮有了规模未必经济，投资农业不会一夜暴富。

数据显示，到2015年底，全国家庭承包经营耕地流转面积4.43亿亩，占比达33.3%。速度背后更应关注质量，有多少是健康理性的流转，有没有违背农民意愿，有没有出现耕地非农化。中国社会科学院一项对7个省份的调查显示，40.06%的土地纠纷由土地流转引发。

土地流转要遵循发展规律，政府部门不能拔苗助长。一些发达地区城镇化水平较高，大量农民已经变成城镇居民，土地流转自然水到渠成。而在大多数农村，农民非农就业机会有限，今后相当长的时间里，种地绝大多数还要靠普通农户。如果不顾规律盲目下指标，不顾实际强制流转，把农民从土地上挤出去，会带来很多社会问题。

土地流转也要量力而行，不光要看经营主体的能力，也要看地方综合承受力，要看当地农村实际。流转规模不是越大越好，要与城镇化进程相适应，与农业科技、社会化服务水平相适应，综合考虑地方经济社会发展水平，尤其要防止片面追求超大规模经营的倾向。

土地流转本质上是一种市场行为，主体是农户，要尊重农民意愿。流转不流转、什么价格、流转多长时间应该由农民说了算。同时政府应做好服务和监管，引导而不干预，服务而不包办，放活而不放任，保证土地流转规范有序进行。关键是不能突破政策底线：不改变土地集体所有性质，不改变土地用途，不损害农民土地承包权益。

王 浩

多些臂膀扛 农业路越广

  农业结构调整正处于关键时期,这是一场从生产经营到加工、销售等全方位的变革。但是,当种植惯性遇上品种结构调整,农民能否接受?长久积累的生产经验遇上先进农业技术,农民是否适应?面对转型路上的未知,谁能够成为指路灯,照亮他们前行之路?这都需要政府、企业再多借出些臂膀,让农民少走一些冤枉路。

* * *

  2016年夏天,一件助农的爱心之举变成了糟心事。

  菠萝种植大县广东徐闻,遇到了菠萝滞销难题。经媒体报道后,不少人积极伸出援助之手。一家电商企业借助互联网帮农民寻求销路,发布"爱心求购帖"后,网友争相购买。然而短短数日,剧情急转,不断攀升的销量不仅没给电商企业带来盈利,反而让其濒临破产。

  原来,不少顾客收货后,发现一些菠萝已经发烂,甚至流水,纷纷在网站上给出差评。压力之下,电商承诺,质量有问题的菠萝可原额退款。但退款量之大,让不堪重负的电商觉得自己好似被蛇反咬的"农夫",遂怪罪果农不守信用,坐地起价不说,还掺杂烂果。果农也在喊冤:菠萝的价格本来就是不断变动。出现烂果,是因为熟透的菠萝经不起长时间运输。

  电商吃了亏,但农民受的伤一点也不小。辛苦一年,到头来不仅亏了本,还被贴上"不守信用"的标签。细细琢磨,这背后还有更多深层次问题待厘清。滞销的背后是结构性问题:在生产层面,徐闻菠萝种植面积大,品种结构单一,上市时间集中,一旦市场行情差,容易出现全局性滞销;

在加工层面，企业加工能力不足导致市场容量有限，果农销售渠道单一，当地农产品加工业亟待转型升级。

其实，徐闻的情况并非个案。农业结构调整正处于关键时期，这是一场从生产经营到加工、销售等全方位的变革。但是，当种植惯性遇上品种结构调整，农民能否接受？长久积累的生产经验遇上先进农业技术，农民是否适应？面对转型路上的未知，谁能够成为指路灯，照亮他们前行之路？这都需要政府、企业再多借出些臂膀，让农民少走一些冤枉路。

农业的发展方向，需要政府帮助农民拨开迷雾。结构调整所需的政策支持、基础设施保障、技术指导，政府应多为农民着想，真心实意为农民操办。但帮助农民不是代替农民拍板，而是多倾听他们的诉求，多和他们商量往哪儿走。

政府要伸出坚实的臂膀，加大对农业支持保护力度，促进形成结构更合理、保障更有力的农产品有效供给。

农业结构调整同样也离不开企业的参与。可以说，不少企业出于盈利动机，或出于情怀，愿意参与到农业发展的大潮中。但过长的生产赢利周期、投入与产出比例不匹配、不尽理想的农村经营信用环境等，也让一些先行者自嘲成了"接盘侠"，出现不敢、不愿投资农业的情绪。农业发展、农村致富需要企业，他们聚集优势资源要素，承接市场和田野，连接乡村和城市，能够帮助发掘农业的多种功能及市场潜能。企业伸出坚实的臂膀，不仅需要胆识，更需要能力，和农民一起开拓更多的合作模式，建立更紧密的利益分享机制。

当前，农业生产中遇到的问题不少，挑战也更大。农民受的伤多些臂膀扛，现代农业发展的路才会越走越宽广。

宋丹丕

推进放心粮油网络建设　协会应发挥更多作用

> 粮食行业协会要在深入推进放心粮油供应网络建设中发挥应有的作用。建设放心粮油供应网络，应重点抓好示范企业创建工作，包括示范加工企业、示范仓储企业、示范主食厨房、示范销售店、示范配送中心、示范批发市场等，带动系统内其他企业发展。

* * *

2016年8月31日，中国粮食行业协会副会长宋丹丕在全国放心粮油供应网络建设经验交流会上表示，经过多年发展，全国放心粮油供应网络建设初具规模，在保障粮油质量安全和市场稳定、方便城乡居民生活上发挥了积极作用。但也仍然存在着供应网络发展很不平衡，网点数量不足，布局不合理，经营不规范，许多粮油加工销售企业资金不足、技术落后、管理粗放、经营不善；放心粮油示范企业的示范引领作用有待增强，政府对粮油质量安全监管力度有待加大等困难和不足。

宋丹丕表示，粮食行业协会要在深入推进放心粮油供应网络建设中发挥应有的作用。他认为，建设放心粮油供应网络，应重点抓好示范企业创建工作，包括示范加工企业、示范仓储企业、示范主食厨房、示范销售店、示范配送中心、示范批发市场等，带动系统内其他企业发展。

他透露，中国粮食行业协会正在组织制定、修订示范企业的认定监管办法和质量安全生产服务管理规范，使示范企业在申报、审核、认定、监管以及质量安全管理、经营服务行为等方面做到有章可循、有规可依。宋丹丕还建议，在统一标准规范的前提下，放心粮油示范企业一般应由省级粮食行业协会审核认定，其中少数规模较大、示范带动作用较强的重点企业可由中国粮食行业协会审核认定。

宋丹丕认为，粮油销售网点是放心粮油供应网络的基础，要大力推动城乡粮油销售网点的规范化建设。他指出，除了放心粮油示范店、挂牌店以外，对其他各种类型的粮油销售网点也要加强引导和管理指导，要积极发展连锁配送，通过特许、加盟等方法，加强网点之间的联系和整合，一定区域内的有条件的网点，应当在店名标识、管理制度、采购、配送、定价原则、质量承诺、服务规范等方面推进"多统一"的管理模式，形成一个个区域性的网络，这些区域性的小网络连起来，才能构成全国性、全覆盖的大网络。

要继续大力推进放心粮油进农村、进社区。宋丹丕表示，要把这项工作引向深入，不仅要进农村、进社区，还要进学校、进军营、进餐饮企业和单位食堂，把放心粮油送进城乡千家万户，让放心粮油更多地占领城乡市场，让更多的消费者放心、安全、方便地消费。

宋丹丕同时表示，中国粮食行业协会将开展创建放心粮油示范县试点工作。据悉，协会已经制订了试点方案，经修改完善后，选择若干个放心粮油供应网络建设工作较好的较大的县（市、区），进行试点，总结经验，加以推广，带动各县市粮油供应网络建设又好又快地发展。

此外，宋丹丕指出，粮食行业协会还要不断创新服务方式和管理方式，推动"互联网＋放心粮油"以及粮油产品质量追溯系统建设，推动品牌战略，帮助示范企业创新经营模式，扩大市场占有率，同时帮助消费者方便购买、安全消费，并有效地维护消费者自身权益。

段彦春

亚麻籽油产业"乱象"亟待整治

  随着亚麻籽油逐渐为人们所认知,需求量不断增加,国内的产量已远远不能满足需求,南方一些油脂企业也开始生产亚麻籽油。然而因为内蒙古亚麻籽原料价格高,运输成本高,很多企业选择采用进口的亚麻籽生产亚麻籽油,但是标注原料来源却是内蒙古,这就对国产亚麻籽油产生了严重的冲击。

* * *

  "有一些无良亚麻籽油生产企业见利忘义,掺杂使假,政府该出手管管了!"2016年8月,在内蒙古召开的第二届亚麻籽油产业联盟大会暨产业发展论坛期间,内蒙古草原康神食品有限公司总经理段彦春忧心忡忡地说。

  我国作为一个农业大国,油料作物品种丰富,有很多小油种人们都不甚了解,比如胡麻。胡麻是生长在我国西北部地区的一种油料作物,胡麻籽所榨取的油叫亚麻籽油,产区称之为"胡麻油""胡油",它是一种具有独特香味的食用油,是特定的清真食用油,当地人也称之为"素油"。

  段彦春说,在主产区内蒙古呼和浩特市及周边旗县,生产胡麻油的小作坊很多,当地质量监督部门有一项小作坊生产备案制度,允许食用油小作坊存在。这虽然是为照顾当地的特殊情况,但无形中加剧了产品价格的竞争,也使得胡麻油的质量参差不齐。从某种程度上讲,小作坊的生产工艺与环境很难保证食用油的安全。

  经走访了解到,最普遍地存在于小作坊的问题就是在油脂加工过程中会添加油菜籽一起混合榨油,或在成品油中混入大豆油,以此来降低成本,但对外都称之为胡麻油。很多小作坊生产的油都是供应给一些食品加工作坊或是一些中小饭店。由于小作坊众多,价格战是难以避免的,都叫"胡麻油",只是加的菜籽与胡麻的比例不同而已,有的甚至只加一成的胡麻。因此,在成本上,一些大的厂家根本无法与这些小作坊竞争。小作坊油在当地形成一个特殊的市场。现在像某宝上有很多归类于初级农产品的亚麻籽油、胡麻油大多是来自此种小作坊,消费者在购买时要特别注意店家的相关证件。

据段彦春讲,取得生产许可证的企业远远要少于小作坊的数量,当地申请食用油的生产许可证审查很严格,没有相应的条件是无法通过的。企业获得生产许可理论上是来之不易的,因此获得生产许可证的亚麻籽油生产企业都是很注重产品质量的,不会刻意造假。而且对于有证的生产企业,质量监督部门是会定期检查的,企业违法后会被吊销生产许可证。违法成本过高,企业不敢掺杂使假。因此购买亚麻籽油要选择有生产许可证的企业。为了保证营养,现在大的企业多是采用先进的低温冷榨生产工艺生产冷榨亚麻籽油。

段彦春表示,上述现象不仅存在于内蒙古,而且在宁夏、甘肃地区也很普遍,当地的居民大多只看重油的味道,因此以先进科学的低温冷榨工艺生产的冷榨亚麻籽油在当地鲜有市场,人们也不接受,现在多是供给南方的大城市。他本人就是在十多年前察觉到这个商机,使草原康神成为内蒙古当地第一个通过互联网将亚麻籽油推向全国的企业。

随着亚麻籽油逐渐为人们所认知,需求量不断增加,国内的产量已远远不能满足需求,南方一些油脂企业也开始生产亚麻籽油。然而因为内蒙古亚麻籽原料价格高,运输成本高,很多企业选择进口的亚麻籽生产亚麻籽油,但是标注原料来源却是内蒙古,这就对国产亚麻籽油产生了严重的冲击。

段彦春呼吁,相关亚麻籽油企业要加大对亚麻籽的综合开发,国家也可像对待别的作物一样对胡麻实行种植补贴政策。

胡冰川

促进粮食减损增效 需大处着眼小处着手

> 关于粮食浪费,还有很多不容忽视的问题,特别是在当前的新形势下谈粮食浪费与节约,更应有新的思维与举措。站在中国角度,我们应该有更高的视域,大处着眼方能小处着手,让践行生根发芽,这样才能让人记住:应对粮食危机,我们一直在路上。

* * *

改革开放以来,经过持续努力,我国基本消灭了营养不良,目前正从"吃得饱"向"吃得好"的方向发展,社会关注也从"粮食安全"转向"食品安全"。在这样的背景下,很多问题被逐步淡化,例如,粮食与食品的浪费问题,面对第36个世界粮食日的主题,我们有必要提醒自己:粮食安全警钟长鸣,千万不能掉以轻心。

从当前粮食生产的现状来看,随着技术水平与管理水平的提高,粮食种植、收获、储藏阶段的损耗不断下降,"跑冒滴漏"情况有了很大改观,整体而言,粮食损耗率被降到较低水平。从粮食消费来看,随着"中央八项规定"的落实与社会文明程度的提高,公款大吃大喝状况被遏制,商务宴请和家庭消费越来越理性,铺张浪费日渐成为一种社会陋习。

与此同时,关于粮食浪费,还有很多不容忽视的问题,特别是在当前的新形势下谈粮食浪费与节约,更应有新的思维与举措。理性来看,可以把当前粮食浪费划分为两种:一为损耗的自然现象,二为浪费的经济行为。对于损耗的自然现象,例如,传统意义上的"颗粒归仓",随着人工成本的不断提高,所消耗的社会资源远大于实际收益,对此如果单纯地强调其象征价值，不仅得不偿失，还会导致更大的浪费。对此，社会要有理性的思考与包容的心态。

当前关键的问题在于粮食浪费的经济行为。在宏观层面，例如，之前东北玉米临时收储，大量临储玉米露天存放，保管条件很差，与此同时全国其他地方仍有大量的库容闲置。整个仓储环节的信息和经济活动不能得到良好匹配。一面是因为存储条件差带来的品质下降，另一面则是库容闲置带来的企业利润下降，导致的结果是部分地区、个别企业继续伸手找中央要资金修建仓储设施，部分地区的部分企业伸手要代储指标。这样的损耗十分巨大。为此，2016年中央对于玉米的支持采取以"市场定价，价补分离"的措施，借此改变这一格局。

在微观层面，在私人宴请场合，"要面子、讲排场"，筵席越摆越多，规模越来越大，其中的粮食浪费，但凡是参加过的人都十分清楚。尤其是中西部农村地区，过度的人情往来已经成为农民不能承受之重的负担。根据笔者调研，人情往来的支出占收入的比重有时要超过一半，越贫穷落后的地区比例越高。有个别地方政府为此专门出台管理规定，规定了农村普通居民可以"摆酒"的几种情形，从道理上说这种规定违法，但是从社会实际来说，这种管理规定在很大程度上是无奈之举。

当前，面对全球性的粮食安全治理问题，站在中国角度，我们应该有更高的视域，大处着眼方能小处着手，让践行生根发芽，这样才能让人记住：应对粮食危机，我们一直在路上。

| 闵庆文

"二十四节气"传承保护任重道远

　　二十四节气为古老中国人解决温饱、发展生产，为中华民族繁衍生息、兴旺发达作出了不可替代的贡献。蕴含在二十四节气中的因时制宜、取物顺时的生态思想至今仍指导着农业实践活动。因此，应当结合文化景观保护、农业文化遗产保护和可持续农业发展，实现二十四节气的活态传承与可持续利用。

* * *

　　2016年11月30日，中国申报的"二十四节气"成功被列入联合国教科文组织人类非物质文化遗产代表作名录。这一"中国人通过观察太阳周年运动而形成的时间知识体系及其实践"的入选，体现了我国对于传统农业文化的重视。

　　尽管中国此前也有诸如蚕桑丝织技术、南京云锦等与农业生产密切相关的项目入选，但其重点依然在加工技艺与艺术表现层面，无法真正表达农耕文化作为中国优秀传统文化重要组成部分的内涵价值。

　　二十四节气为古老中国人解决温饱、发展生产，为中华民族繁衍生息、兴旺发达作出了不可替代的贡献，其历史与文化价值毋庸置疑。不仅如此，它还具有突出的现实意义：二十四节气所体现的中国人民尊重自然、崇尚人与自然和谐的生态文明观，对于当今生态文明建设、可持续发展具有重要意义；二十四节气所反映的农业生产节律性变化规律，对于农业的可持续发展具有重要意义；二十四节气所代表的中国传统节气文化家喻户晓，对于进一步提升中华民族的认同感与凝聚力具有重要意义；二十四节气的申遗成功有助于提升国人的文化自觉与文化自信，对于中华优秀文化走向世界具有重要意义。

二十四节气不仅是一种传统文化，更是一种可持续发展的知识体系，是一种中华民族传承至今的生态文明观。因此，二十四节气的成功申遗只是其保护的阶段性成果，它的保护、传承、利用与弘扬应是全体中国人长期、艰巨、共同的任务。

二十四节气是中国人民的集体创造，不同于以往的一些项目，可能很难确定具体的"传承人"。因此，需要在就遗产价值发掘与保护传承方面进行新的探索，应当通过区域性的"传承群体"进行保护。只有让二十四节气走进课堂、走入民间，才能够真正传承这一优秀民族文化遗产。

二十四节气发端于对自然节律的认识和农业生产实践，但由于气候变化等自然条件的影响，自然现象与农业生产方式已经发生了明显的变化。在传承与利用时，需要将重点放在内涵价值上，而不是表面形式上。只有深入认识二十四节气与中国人生产、生活的密切关系，才能发挥其对于可持续农业与农村发展更为深远的指导意义。

二十四节气内涵丰富，已融入中国人的日常生活中。通过对二十四节气与健康养生的关系、二十四节气对物候研究的意义、二十四节气相关民俗节庆活动等的发掘，丰富这一遗产的传承方式，引导中国人在生活中进行保护和传承。

二十四节气的传承和利用的重点现已有所转移，难以直接指导农业生产。

它的活态保护或者生产性保护，也难以像其他非物质文化遗产项目一样依靠传承人进行。然而，蕴含在二十四节气中的因时制宜、取物顺时的生态思想至今仍指导着农业实践活动。因此，应当结合文化景观保护、农业文化遗产保护和可持续农业发展，实现二十四节气的活态传承与可持续利用。

刘笑然

稻谷去库存也要提到重要日程

> 稻谷库存数量仍在以每年3000万吨左右的速度增加，这样下去将对我国粮食收储制度改革和经济健康运行带来重大的影响。稻谷消费刚性强，增减弹性小，在当前仍实行最低收购价格政策的情况下，去库存应主要从供给侧入手，以减少稻谷产量为主。

* * *

近两年来，我国粮食形势发生了重大的变化，粮食政策调整已经上路，尤其是玉米收储制度改革有了重大的进展，价格和库存增速已开始下降。但是，稻谷去库存至今没有多大进展，其库存数量仍在以每年3000万吨左右的速度增加，这样下去，将对我国粮食收储制度改革和经济健康运行带来重大的影响。

如此高的政策性稻谷库存虽然可以较好地保证粮食供给，但也带来了许多副作用。在储存期间，不仅稻谷品质下降，损耗严重，支付保管费用使国家财政负担增加；而且还会影响市场作用发挥，巨大的库存使稻谷始终处于供大于求的状态，对稻谷市场价格产生了巨大的下压力；为了保护种粮农民基本收益，国家需要支付大量补贴来托升稻谷价格，使得稻谷收储市场化改革受到较大影响。

更重要的是，从2016年开始，我国玉米由临储收购改为市场收购，购销价格大幅度下降，稻谷在种植业中的比较收益优势进一步增强。

从今后发展看，如无稻谷去库存方面的措施出台，稻谷种植面积、产量和库存量仍将呈增长之势，增长速度还有可能加快，据最近调查，2017

年东北有种水稻条件的地区，农民"旱改水"的趋势明显增加。

稻谷与玉米和小麦不同，其易储年限短；口感和品质下降快；价格高、体积大、损耗大、储存费用高；去库存困难，由于稻谷基本都用作口粮，消费刚性强、弹性小、产业链短，增加消费的空间小。因此，尽管目前超储稻谷库存小于玉米超储库存，但也达到了很高的水平，应当引起高度重视。

稻谷消费刚性强，增减弹性小，在当前仍实行最低收购价格政策的情况下，去库存应主要从供给侧入手，以减少稻谷产量为主，并辅以其他相应措施。

降低最低收购价格水平。按照贴近市场价格的原则适当降低最低收购价格水平，这既可以减少农民种植水稻的面积和产量，还可以相对增加稻谷的消费量（包括食用、饲用和工业消费量），从而达到减少稻谷库存的目的，这是今后稻谷减供给、去库存的最主要办法。

提高优质稻谷种植比重。根据目前居民消费结构升级，对优质绿色稻谷需求增加的状况，出台推动种植优质稻谷品种的政策，适当提高优质绿色稻谷的种植比重。一般而言，在同一地区种植优质绿色稻谷的单产基本都比普通稻谷低，这也可在一定程度上起到减产量和去库存的作用。

适度开展休耕。根据当前我国稻谷出现阶段性过剩、库存过高而许多稻田利用强度过大的实际，进行休耕试点，有计划地推进稻田休耕。

严打走私大米进口。近年来，走私大米进口大量增加也是导致国内大米供给和库存增加的一个重要原因。据有关信息估计，2015年，中国走私进口的大米数量达240万吨左右，折合稻谷约340万吨。因此，严厉打击走私大米进口可有效减少国内大米供给量和库存量。另外，通过降价格也可以有效地阻挡一部分大米进口。如果能减少海关和走私进口的大米共420万吨，就可减少稻谷供给600万吨。

周奕丰

土壤污染治理保护刻不容缓

> 目前国家对土壤治理和保护已经初见成效。但是土壤污染情况仍然十分严峻。土壤改良过程长、成本高、见效慢，农民自身的抗风险能力弱，必须依靠政府资本和社会资本的支持。建议加快多种土壤改良投融资模式的探索，扩大投融资渠道，调动地方积极性，实现土壤修复改良的产业化、市场化和专业化。

* * *

"土壤环境状况直接影响老百姓的菜篮子、米袋子，更是影响国土资源环境安全和经济社会可持续发展的重要因素，但是目前我国土壤利用仍面临诸多挑战。"2017年"两会"期间，全国人大代表、鸿达兴业集团董事长周奕丰表示。

在他看来，"土十条"的出台意味着我国目前环境治理的"三大战役"全面启动，国家对土壤治理和保护已经初见成效。但是土壤污染情况仍然十分严峻。据周奕丰介绍，土壤盐碱化、酸化等退化现象严重，受盐渍化影响的耕地约占全国耕地总面积的8.5%，而酸性土壤的比例则高达1/4。

"酸性土壤又会进一步增加土壤中的重金属活性，从而导致重金属污染。此外，水、土、气是个循环系统，水体和空气污染物大约有80%最终进入土壤，因此如不注重土壤污染防治及土壤资源的改良利用，食品安全、环境安全以及社会稳定都将受到影响。"他表示。

周奕丰认为，土壤改良过程长、成本高、见效慢，农民自身的抗风险能力弱，必须依靠政府资本和社会资本的支持。因此他建议加快多种土壤改良投融资模式的探索，扩大投融资渠道，调动地方积极性，实现土壤修复改良的产业化、市场化、专业化。此外，他建议在加大政府购买服务行为、推动受污染耕地和以政府为责任主体的污染地块的治理与修复的同时，对参与土壤治理与修复的相关企业予以政策支持，并建立合理的激励机制，使改良者受益。

针对目前土壤改良治理行业资金需求量较大的情况，周奕丰建议积极推进金融机构的绿色金融创新，综合利用绿色信贷、绿色债券、绿色基金等多种绿色化手段，建立较为系统的土壤修复治理的绿色资本市场。

在提出改良模式、拓宽改良渠道的基础上，周奕丰认为，应建立土壤改良责任制度，将食品溯源体系和土壤改良认证相结合。"土十条"提出了"谁污染，谁治理"的原则，而周奕丰表示，在土壤改良和治理的过程中，若不能达到预期效果，将会浪费土地资源，对土壤环境造成二次破坏。因此他认为，应建立起土壤改良责任制度及改良溯源体系，以避免急功近利的改良行为对土壤的二次污染。

那么被污染的土壤具体应该如何治理呢？周奕丰提到，一种重要的方式是使用土壤调理剂。他表示，土壤调理剂在我国的应用研究起步较晚，但近年发展速度加快，数量也有增加趋势。周奕丰认为，调理剂企业在研发新技术方面投入较高、成本较大。他建议对土壤调理剂企业予以一定的税收和运输费用减免政策，并将土壤调理剂列入资源综合利用产品目录，享受资源综合利用产品企业所得税税收优惠政策，以充分调动相关企业研发的积极性，推动行业发展，鼓励土地使用者主动改良土壤。

"土地是不可再生资源，一旦被污染，治理难度非常大。"周奕丰认为，土壤治理须以预防为主，防治结合。他建议，加快出台土壤污染防治法及土壤环境质量标准体系，弥补土壤污染防治立法的空白，同时结合我国土壤环境现状和特点完善土壤环境质量标准，综合提升土壤环境管理水平，在法律层面保障土壤环境的健康。

高　强

理性看待种粮大户"毁约弃耕"现象

> 当粮价下跌时，种粮大户根据市场条件的变化，缩小经营规模，调整种植结构，是从事粮食适度规模经营的新常态。当然，也有一些种粮大户在土地流转价格高位，盲目扩大经营规模，导致自然风险、契约风险与市场风险叠加，结果产生更大的损失。

* * *

2017年春，有关种粮大户由于经营亏损"毁约弃耕"的报道引起了社会关注。针对这一现象，我们应当保持清醒头脑，用理性的眼光审视"毁约弃耕"现象，在把握问题本质基础上进行积极应对。

"毁约弃耕"是市场规律下自然选择的体现。长期以来，由于生产成本居高不下，尤其是土地成本和劳动力成本持续上涨，导致种粮大户的利润空间被严重挤压。调研显示，东北地区种粮大户每亩成本超过800元，其中仅土地成本就500元。可见，土地成本成为套在种粮大户头上的一道"紧箍咒"。

当粮价下跌时，种粮大户根据市场条件变化，缩小经营规模，调整种植结构，是从事粮食适度规模经营的新常态。当然，也有一些种粮大户在土地流转价格高位，盲目扩大经营规模，导致自然风险、契约风险与市场风险叠加，结果产生更大的损失，从而出现"毁约弃耕"现象，这也是市场自动调节的表现。

"毁约弃耕"是供给侧结构性改革在微观主体的反映。2016年我国在东北四省区按照"市场定价、价补分离"的原则，开展玉米临时收储制度改革试点。2016年玉米产销区平均批发价格同比分别下跌了17.0%和16.6%，国内外价差同比缩小420元/吨，价格逐步回归市场。

可以说，玉米收储制度改革，激活了市场，搞活了产业链，也促进了农业结构调整。受此影响，农民种植效益确实有所下滑，而种粮大户等新型经营主体的压力更大。

对于他们而言，"毁约弃耕"虽然是近两年才出现的突出现象，但其背后反映的却是对长期供需结构失衡和高成本不可持续的生产方式的调整与回应。

"毁约弃耕"现象需要政府进行理性引导。"毁约弃耕"现象应该一分为二地看待。一方面，2016年全国籽粒玉米播种面积调减3000万亩左右，"调结构"取得新突破；东北一些地区土地租金每亩降低了150元左右、河北一些地区降了300元左右，"降成本"出现初步成效。另一方面，这些现象的产生说明了一些种粮大户市场意识较差，抗风险能力较低。这说明，要在把握"毁约弃耕"现象本质的基础上，从正反两方面进行积极应对，增强新型经营主体对种粮前景的信心。

一方面，要继续完善价格形成机制和粮食收储制度，通过共享经营权，探索适度规模经营新模式，加快完善补贴、财税、信贷、保险、用地用电等政策体系，加大培训力度，为新型农业经营主体发展加薪助火、保驾护航；另一方面，也要站好岗、值好班，充当守夜人，加大对工商资本的监管力度，提升种粮大户风险防范能力，完善践信履约机制，妥善化解土地流转纠纷，引导土地的规范、有序和可持续流转。

柴 岩

杂粮也是粮 振兴发展取决于市场

全国杂粮产品加工有了很大发展,特别是在加工设备方面有了非常大的改善,但产品仍旧停留在米、面、豆加工方面。若要改变杂粮流通营销现状,应当充分利用全国粮食油料流通营销平台,搭载大米、面粉营销大船,通过大米、面粉流通营销网络,把杂粮米类、面粉类产品带入全国粮油营销网络,促进杂粮营销。

***

杂粮是粮食。由于杂粮面积小,种植分散,不成规模,总产量少,在国家粮食生产总量中占有的比重很小。杂粮是食品加工原料。虽然杂粮含有一些特殊功能成分或者某些成分含量丰富,但杂粮与小麦、水稻、玉米、大豆一样是粮食,是主食食品加工制作的原料之一,必须加工成为食品才能消费。

近30年来,全国审定、鉴定、登记的杂粮品种很多,解决了全国杂粮生产品种问题,为杂粮生产作出了重要贡献。但是我国原来的杂粮品种评价体系和评价核心指标是品种的产量和适应性,忽略了杂粮品种的加工品质、营养品质和适口性。随着杂粮商品化程度的提高,对杂粮原料的要求标准不尽相同,加工企业和消费者所需的杂粮原料是优质或专用的品种。

目前,需要对现有的杂粮品种进行商品性评价,按照市场需求和加工要求,筛选出优质专用杂粮品种,优质专用包括加工品种、营养品质、适口性。

由于《种子法》里没有杂粮品种及种子的管理内容,在法律上杂粮种子的评价、生产、销售处于空白。目前，大多数杂粮品种的种子生产是育种者自己负责；杂粮种子多为常规种子，用量小、盈利少，种子企业不愿意经营，许多杂粮审定或鉴定品种后处于自生自灭状态；发展杂粮生产，扩大杂粮种植面积，首先面临的是种子问题，没有杂粮种子，发展杂粮杂豆是一句空话，仅仅是一句口号；杂粮品种的种子问题谁来管，谁来繁殖，谁来供应，处于空白状态，是当前杂粮生产发展的当务之急。

杂粮生产是食品加工原料生产，优质专用杂粮品种能否转化为优质专用食品加工原料，需要有一个由小面积的杂粮品种示范推进成为一个规模生产过程，逐步由一个杂粮品种示范区发展成为一个杂粮优势产区的优质生产基地，并具有一定的优质专用杂粮原料供货能力，在国内外市场有一定的竞争能力。

优质杂粮生产基地建设的核心是优质杂粮品种转化问题，需要农业技术部门组织进行示范推广，需要确定优质专用品种，需要提供优质、高产、低成本的生产技术，只有这样才能保证杂粮产品质量，同时又能提高种植效益和农民的种植积极性。

全国杂粮产品加工有了很大发展，特别在加工设备方面有了非常大的改善，但产品仍旧停留在米、面、豆加工方面，而且多为粥料；煮粥、米面、豆产品虽然年度之间价格有一定波动，但供需基本上平衡，满足了有这一种消费习惯的人群需求。现在发展杂粮生产，必须先要扩大杂粮消费，消费数量增加了才能促进杂粮的生产发展。

若要改变杂粮流通营销现状，应当充分利用全国粮食油料流通营销平台，搭载大米、面粉营销大船，通过大米、面粉流通营销网络，把杂粮米类、面粉类产品带入全国粮油营销网络，促进杂粮营销。同时配制大米混合米和小麦混合面粉等产品，在粮油网点销售，一方面通过按比例搭配解决了杂粮食品制作难的工艺问题；另一方面克服了杂粮食品适口性差的问题，通过大米、面粉与杂粮的优势互补，实现营养均衡，有利于人们的健康，同时达到促进杂粮流通与营销的目的。

张　泓

主食产业要跟上消费还要引领消费

　　随着现代人生活节奏的加快，消费者对主食产品的需求和以前相比变化很大。据估算，未来国内社会化供应的主食产品每年约有10万亿的大市场。从卖原粮到卖产品，主食加工产业不仅要跟上这种变化，满足消费者不断升级的需求，还要在营养健康方面给予消费者正确引导，拉动需求。

* * *

　　提到主食，我们一般会想到米、面、馒头等传统食品。但随着人们膳食结构的变化，近年来，主食的范畴不断扩大，肉制品、水产品、豆制品等一日三餐经常接触的膳食，也都包含到了主食的概念里。我国主食产业潜力巨大，据估算，未来国内社会化供应的主食产品每年约有10万亿的大市场，但是就产业发展程度来说，我国和发达国家相比还有一定差距。目前中国人平均每人每年的供应量约7公斤，而发达国家达到50公斤。

　　从原料上看，我国的大部分食物原料供应并不适合工业化加工。以前是种什么吃什么，现在国家实施供给侧结构性改革，更多地是要用消费拉动生产，用营养拉动需求。比如，要加工制作适合现代人口味的高端面食就需要高筋面粉，而现在原料供应端大部分还是中低筋面粉。

　　其次，我国目前的加工技术和装备相对落后。特别是缺少自动化、智能化的加工设备。以前，我们依靠进口西方的加工设备，由于中式的主食加工工艺相对西方更复杂，进口装备难以满足中式主食的加工需要，因而依靠进口设备生产就会产生"水土不服"的问题。要解决这个问题，就要发展适合工业化生产的主食原料，花精力自主研发适合中餐食品的加工设备。

除此之外，随着现代人生活节奏的加快，消费者对主食产品的需求和以前相比变化很大。从卖原粮到卖产品，主食加工产业不仅要跟上这种变化，满足消费者不断升级的需求，还要在营养健康方面给予消费者正确的引导，拉动需求。

首先，企业要对消费人群进行划分。比如，"80后、90后"是年轻一代的消费群体；预计2030年我国将有4亿老人，每年还会产生2000万新生儿，这些人群从饮食习惯到膳食结构存在较大的差异，他们对主食产品的需求是不同的，因而需要针对不同人群开发不同系列的主食产品。

其次，现代人吃饭讲究营养健康，但是却保留了很多不健康的饮食习惯。比如很多人吃的荤素比例失衡，吃肉多吃素少；中国人平均每天食用油脂超过80克，食盐超过12克，均远超合理膳食的需求，而很多维生素和矿物元素却摄入不足，导致高血压、肥胖等人群逐年上升。

对此，政府和企业需要引进专业的人才对加工生产进行指导，在大型的食品加工企业中，建立专业的营养师队伍，一方面让产品更符合现代人健康营养的需要，另一方面也要通过媒体向消费者普及相关营养知识。中国农业科学院农产品加工所一直非常重视这项工作，前不久，在北京成立了国家食药同源产业科技创新联盟。中国农科院农产品加工所主食加工技术研究院也在哈尔滨成立，食品科学与营养创新研究院在合肥落地。相信在社会各界共同的关注和努力下，我国人民的营养健康水平与主食产业化综合实力一定能够再上一个台阶。